영어 표현의 결정적

뉘앙스들
NUANCE

케빈 강 (강진호)
美 Illinois State Univ. 언어치료학 최우등 졸업
美 Univ. of Memphis 이중언어 박사 과정 1년 수료
美 멤피스 언어청각센터 언어치료사 (Graduate Clinician)
前 강남 이익훈 어학원 영어발음/스피킹 대표 강사   前 스피킹핏 영어센터 대표 강사
現 케쌤영어 부원장   現 링고애니 대표

저서 〈특허받은 영어발음 & 리스닝〉, 〈영어단어 그림사전〉, 〈미국 영어와 영국 영어를 비교합니다〉,
〈영어 발음은 이런 것이다〉, 〈영어 단어의 결정적 뉘앙스들〉, 〈영어발음 향상훈련〉,
〈거의 모든 일상 표현의 영어〉, 〈My First 200 Words〉, 〈English Zoo〉

해나 변 (변혜윤)
美 Judah Christian School / Oldfields School 졸업
日 Ritsumeikan Univ. 국제관계학 졸업
캐나다 Global College TESOL 및 GETQA 국제 영어 강사 자격증
前 국제 심포지엄 외국인 전담 동시통역사   前 UNICEF 한국위원회 팀원
前 룩룩잉글리쉬 원어민 영어대표 강사   前 링고애니 선임 연구원
現 Hanna's English 대표

영어 표현의 결정적 뉘앙스들

지은이 케빈 강, 해나 변
초판 1쇄 발행 2023년 7월 24일
초판 2쇄 발행 2024년 8월 16일

발행인 박효상   편집장 김현   기획·편집 장경희, 이한경   디자인 임정현
마케팅 이태호, 이전희   관리 김태욱

기획·편집 진행 김현   교정·교열 안현진   본문·표지 디자인 고희선

녹음 제작 믹스캠프 스튜디오
콘텐츠 제작 지원 석근혜, 유수빈, 이종학(케쌤)
종이 월드페이퍼   인쇄·제본 예림인쇄·바인딩

출판등록 제10-1835호   발행처 사람in   주소 04034 서울시 마포구 양화로 11길 14-10 (서교동) 3F
전화 02) 338-3555(代)   팩스 02) 338-3545   E-mail saramin@netsgo.com
Website www.saramin.com

책값은 뒤표지에 있습니다.
파본은 바꾸어 드립니다.

ISBN
979-11-7101-005-9 14740
978-89-6049-783-2 세트

우아한 지적만보, 기민한 실사구시 사람in

회화의
결정적
시리즈

영어 표현의 결정적

뉘앙스들
NUANCE

케빈 강, 해나 변 저

친한 사이에선
쿨하게

평범한 사이에선
무난하게

윗사람에게는
매너 있게

구어체와
문어체는
구분해서

**어떻게
표현하느냐에
따라
느낌이 다르다!**

STYLE-SHIFTING IN ENGLISH

사람in

뉘앙스(nuance)는 의미와 어감의 미묘한 차이를 뜻합니다. 말하는 사람의 '어투'는 상대방을 얼마나 존중하고 배려하는지를 보여주는 중요한 잣대인데요. 우리말에도 반말과 존댓말이 있고 아주 친한 사이나 상대방을 비하할 때 쓰는 비속어부터 상대 방에게 존경심을 드러내는 극존칭 표현까지 다양한 어감의 표현들이 존재합니다.

영어에서도 같은 의미를 전달하는 데 저속한 slang부터 격식체 표현까지 다양한 뉘 앙스 표현들이 있습니다. 화가 났을 때 'I am pissed off!'(나 빡쳤어!)라고 말하는 것 과 'I am enraged.'(저 화가 나 있어요.)라고 표현하는 것은 상대방에게 전혀 다른 느 낌으로 와 닿게 되죠.

비슷한 의미의 표현들이 어떠한 상황에서 쓰이는지 정확한 뉘앙스를 모르면 상대방 에게 오해를 일으키기도 합니다. 웃어른과 대화할 때 친한 친구에게 말하는 것처럼 격이 떨어지는 표현을 쓰면 상대방이 불쾌해할 수도 있고, 반대로 원어민이 여러분 을 무시하는 저속하고 공격적인 어투로 말하는데 오히려 너무나 점잖은 표현으로 대 응하여 자신을 굴욕적으로 지나치게 낮추는 우를 범할 수도 있는 것이죠.

이 책에서는 일상 생활에서 경험할 수 있는 다양한 영어 표현의 뉘앙스 차이를 배움 으로써 여러분이 실생활에서 상황에 맞는 최적화된 표현으로 소통할 수 있는 방향을 제시합니다. 만나서 헤어질 때까지 일상 대화에서 자주 쓰이는 표현들의 차이점, 각 각의 상황과 주제에 맞는 다양한 표현들의 차이점, 격식을 따지지 않는 구어체 표현 과 격식을 갖춘 문어체 표현들의 뉘앙스까지 상황에 맞는 적절한 표현을 선택할 수 있는 가이드를 제공합니다. 각 표현이 지닌 정확한 의미를 독자분들이 이해하기 쉽 도록 학습한 표현들이 적용된 다양한 예문과 생동감 넘치는 대화문을 수록하였습니 다. 이 책이 영어 표현력을 높이고, 정확한 영어를 공부하고자 하는 독자님에게 도움 이 되기를 바랍니다.

Kevin Kang

요즘 많이 들리는 '티키타카'라는 말 아시나요? 축구에서 나온 용어로 일반인들에게는 공감과 그 공감을 통해 말을 주고받는 것이며, 센스와 판단력이 필요한 커뮤니케이션 능력을 말합니다. Input과 output의 조화! 어느 대화에서든 이 티키타카가 중요한데요. 한국어로는 쉬웠던 어감과 표현의 말들이 영어로는 과연 어떨까요? 근래 한국의 영어 교육 시스템은 문법 파헤치기, 단어 외우기 등 입시 위주로 치우친 경향이 있습니다. 그렇게 틀에 박힌 영어만으로는 의미에 맞는, 티키타카가 잘 되는 대화를 해내기가 쉽지 않다는 게 14년차 영어 스피킹 강사인 제 의견입니다.

영어 수업을 하다 보면, 남녀노소 왜 영어에는 반말과 존댓말의 구분이 없는지 많이 궁금해합니다. 그럼 저는 영어의 비격식과 격식에 대해서 말해 주죠. 아이에게 쓰는 영어, 친구에게 쓰는 영어, 직장 동료나 상사에게 쓰는 영어는 엄연히 다를 수밖에 없으니까요. 한 가지를 말하려고 해도 방법과 사용 가능한 표현들이 넘쳐납니다. 한국어로 같거나 비슷한 영어 표현도, "앗! 이런 뜻으로 말하려던 게 아닌데?" 또는 "너무 스스럼없이 대했나?" 하며 실수할 수도 있잖아요. 그러니 미드나 영화에서 스치듯 들은 표현도 정확히 알고 쓰는 편이 좋겠습니다.

이 책에는 다양한 상황에서 사용할 수 있는 쿨한 영어(비격식), 일상 영어(중립 영어), 관용구, 그리고 매너 영어(격식) 표현의 미묘한 차이를 넣었으며, 문어체과 구어체의 비교를 통해 어떤 표현을 쓰는 것이 더 자연스러운지 알아볼 수 있게 했습니다. 이 책을 통해 상황에 맞는 영어 표현을 응용해서 마음껏 사용하다 보면, 어느샌가 티키타카가 잘 되는 원어민과의 free conversation을 즐길 수 있게 될 겁니다!

Stay strong and give it your best shot!

Hanna Byun

"찐친에게나 쓸 말을 부장님께 써 버렸어!"
후회 방지 영어 표현의 뉘앙스들

아침에 우연히 회사 사장님을 엘리베이터에서 뵈면 어떻게 인사하세요? 거의 100% "안녕하십니까?" 하고 공손하게 할 것입니다. "안녕!" 이렇게 말하는 사람은 없을 거예요. 왜냐하면 한국인 원어민 화자로서 우리는 윗사람에게 인사할 때는 어떤 표현이 정중한 것인지 알기 때문입니다. 그래서 절친을 만났을 때 놀리려는 의도가 없다면 친구에게 "안녕하십니까"라고는 안 할 겁니다.

이건 영어도 마찬가지예요. 영어 네이티브들도 인사말부터 시작해서 상대방이 어떤 말을 했을 때 그것에 대한 반응까지 누구를 상대로 하느냐에 따라 표현을 달리 하면서 의사소통을 합니다. 문제는 우리가 지금까지 영어를 배우면서 이 표현이 누구한테나 쓸 수 있는 것인지, 윗사람에게는 쓰면 안 되는 것인지 모른 채 영어 표현과 뜻만 익혔다는 것입니다. 그래서 GRE 등의 어려운 시험을 통과하고 미국 유학을 떠난 사람들이 초반에 교수님이나 동기들 사이에서 말버릇이 없다, 너무 벽을 친다라는 오해를 사는 경우가 허다합니다. (교수님께는 친한 사이에서나 쓸 말들을 하고, 동기들 사이에서는 너무나 점잖 빼는 표현을 하는 경우가 그렇습니다.)

영어 듣기도 잘하고, 독해도 잘하고, 회화도 어느 정도 된다고 생각이 든다면, 이제 해야 할 것은 같은 표현이라도 상대에 따라 어떻게 말할 것인가를 아는 것입니다. 아직까지 이걸 알려 주는 책이 없었던 것도 사실인데요, 대한민국 최고 발음 전문가이자 뉘앙스 표현의 달인인 케빈 강이 여러분을 표현의 뉘앙스라는 새로운 세계로 인도합니다.

인사말부터 영어 회화 필수 상황에서의 표현, 구어체와 문어체 표현까지, 같은 내용이지만 어떤 식으로 표현해야 하는지를 '쿨한 영어, 일상 영어, 매너 영어'로 나눠서 제시합니다. 물론 이렇게 다 하는 게 힘든 분들을 위해서 누구에게 써도 무난한 영어도 같이 전합니다. 할 게 너무 많아서 바쁘다면 그 부분만 봐도 아무 문제없습니다.

책을 보면서 원어민에게 했던 말이 떠올라 얼굴이 화끈해져도, 뒤죽박죽 마구 섞어 쓴 표현 때문에 쥐구멍에 들어가고 싶어도 모두 괜찮습니다. 그만큼 열심히 영어를 공부하면서 써 봤다는 이야기이니까요. 이제부터 제대로 알고 쓰면 여러분을 보는 시선이 달라집니다.

CHAPTER 1

Chapter 1 인사말에서 안부를 묻고 답하는 걸 지나 의사소통 관련 다양한 반응에 대해 화자와 상황별로 표현을 제시합니다. 파란색의 쿨한 영어는 아주 친한 사이에서, 보라색의 일상 영어는 누구한테 써도 무난한 표현을, 초록색의 매너 영어는 직장 상사 등 어느 정도 예의를 갖춰야 하는 사이에서 쓰는 표현을 가리킵니다. 같은 의미지만 어떻게 달라지는지 확인해 보세요.

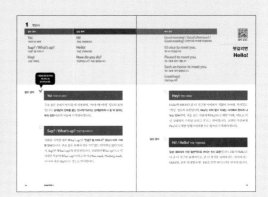

CHAPTER 2

Chapter 2에서는 의사소통 시 반드시 마주하게 되는 상황들을 뽑고, 그 상황에서 어떻게 표현할 것인지를 제시합니다. 왼쪽 페이지는 '쿨한 영어, 일상 영어, 매너 영어'가 색깔별로 구분돼 있어 바로 인지할 수 있으며, 오른쪽 페이지는 실제 이 표현들을 이용한 회화 지문을 넣어 그 뉘앙스를 확인할 수 있습니다.

CHAPTER 3

Chapter 3에서는 구어체와 문어체 표현의 차이를 다룹니다. 문어체와 구어체의 느낌이 가장 많이 드러나는 접속사를 중심으로 자세한 설명과 예문을 수록했습니다. So, however처럼 평소에 쉽게 쓰던 단어의 새로운 쓰임과 용법을 아는 계기가 될 것입니다.

CHAPTER 1
일상 커뮤니케이션 표현의 뉘앙스들

LOOK WHO'S HERE!

CHAPTER 2
필수 회화 상황에서 표현의 뉘앙스들

YOU'RE A NATURAL!

CHAPTER 3
문어체 vs. 구어체 표현의 차이

BEEN THERE,
DONE THAT.

일상 커뮤니케이션 표현의 뉘앙스들

1 첫인사

쿨한 영어	일상 영어
Yo! 어이! 야! 여어!	**Hi!** 안녕. 안녕하세요.
Sup? / What's up? 안녕? 좀 어떠냐?	**Hello!** 안녕. 안녕하세요.
Hey! 안녕. 이봐요.	**How do you do?** 안녕하십니까? 처음 뵙겠습니다.

> 내용을 확인한 후에
> 체크박스에
> 표시해 보세요.

쿨한 영어 ☑

Yo! 어이! 야! 여어!

주로 젊은 층에서 인사할 때 사용하며, '어이! 야! 여어!' 정도의 표현
입니다. **상대방의 안부를 묻는 인사라기보다는 상대방에게 나 좀 봐 달라는
투의 표현**이라서 사용에 주의해야 합니다.

☐

Sup? / What's up? 안녕? 좀 어떠냐?

대화를 시작할 때의 What's up?은 **'안녕? 좀 어떠냐?'** 정도의 아주 가벼
운 인사입니다. 주로 젊은 층에서 매우 격의 없는 인사말로 많이 쓰이
며, Sup?은 What's up?의 줄임말입니다. 상대방이 What' up?으로 인
사하면 똑같이 What's up?이라고 하거나 Not much./Nothing much.
(별거 없어) 혹은 Hey!(안녕!) 정도로 인사합니다.

Good morning! / Good afternoon! /
Good evening! (오전/오후/저녁에) 안녕하세요.

MP3 001

It's nice to meet you.
만나서 반갑습니다.

헷갈리면
Hello!

Pleased to meet you.
만나 뵙게 되어 기쁩니다.

Such an honor to meet you.
만나 뵙게 되어 영광입니다.

Greetings!
안녕하십니까?

Hey! 안녕. 이봐요.

Hello!와 Hi!보다 좀 더 친근한 사이에서 격없이 쓰이며, 우리말로 '안녕' 정도의 표현입니다. **Hey!는 이미 알고 지내는 사이에서 편하게 나누는 인사이며,** 처음 보는 사람에게 Hey!라고 하면 '이봐, 여보쇼'처럼 상대방의 주의를 끌려고 부르는 의미입니다. 초면인 사람에게 Hey!라고 하면 당황스러워할 수도 있으니 주의해야 합니다.

일상 영어

Hi! / Hello! 안녕. 안녕하세요.

일상 대화에서 가장 일반적으로 쓰이는 인사 표현입니다. Hi!가 Hello!보다 좀 더 친근한 표현이므로, 좀 더 격식을 차려야 하는 관계에서는 Hello!를, 편한 상대방에게는 Hi!를 쓰면 자연스러운 인사가 됩니다.

1

쿨한 영어	일상 영어
Yo! 어이! 야! 여어!	**Hi!** 안녕. 안녕하세요.
Sup? / What's up? 안녕? 좀 어떠냐?	**Hello!** 안녕. 안녕하세요.
Hey! 안녕. 이봐요.	**How do you do?** 안녕하십니까? 처음 뵙겠습니다.

☐

How do you do? 안녕하십니까? 처음 뵙겠습니다.

처음 만난 사람에게 '안녕하십니까?'나 '처음 뵙겠습니다'란 의미로 쓰는 예의를 갖춘 표현입니다. 이에 대한 대답도 보통은 How do you do?라고 똑같이 합니다. 영국에서 많이 쓰이는 인사 표현이라 미국 젊은 층에게는 생소한 표현이며, Pleased to meet you. 나 It's nice to meet you. 정도의 정중한 인사로 답하곤 합니다.

매너 영어 ☐

Good morning! / Good afternoon! / Good evening! (오전/오후/저녁에) 안녕하세요.

하루의 특정 시간대에 맞추어 쓰는 매너 있는 인사 표현들입니다. 보통 Good morning!은 아침 5시 ~ 낮 12시, Good afternoon!은 낮 12시 ~ 저녁 6시, Good evening!은 저녁 6시 이후의 만남에서 사용합니다. 참고로, Good night!은 대화를 시작하는 인사말로는 쓰지 않으며, 밤 시간대에 헤어질 때 Good bye!의 의미로 쓰는 표현입니다.

Good morning! / Good afternoon! /
Good evening! (오전/오후/저녁에) 안녕하세요.

It's nice to meet you.
만나서 반갑습니다.

Pleased to meet you.
만나 뵙게 되어 기쁩니다.

Such an honor to meet you.
만나 뵙게 되어 영광입니다.

Greetings!
안녕하십니까?

헷갈리면 Hello!

It's nice to meet you. 만나서 반갑습니다.
Pleased to meet you. 만나 뵙게 되어 기쁩니다.
Such an honor to meet you. 만나 뵙게 되어 영광입니다.

It's nice to meet you.와 Pleased to meet you. 모두 주로 첫 만남에서 하는 말로, '만나서 반가워요', '뵙게 되어 반갑습니다' 같은 정중한 인사 표현입니다. It's 없이 Nice to meet you.라고 하면 좀 더 친근감 있는 어감입니다. Such an honor to meet you.는 상대방을 좀 더 높이는 격식 있는 인사말로 '만나 뵙게 되어 영광입니다'의 의미입니다.

Greetings! 안녕하십니까?

Greetings는 주로 글을 쓸 때 상대방의 건강이나 행복 등을 기원하는 안부 인사의 의미로 쓰입니다. 대화에서 Greetings!라고 하면 Hello!보다 좀 더 격식 있는 인사말로, '안녕하십니까?'란 의미입니다.

2 오랜만에 만났을 때

쿨한 영어	일상 영어
Look who's here! / **Look who it is!** 이게 누구야!	**It's been a long time.** 오랜만이네(요).
What have you been up to? 뭐 하고 지냈어?	**I haven't seen you in a while.** 오랜만이네(요).
It's been ages! 정말 오랜만이네!	**(It's) Good to see you.** (다시) 만나서 반가워(요).

쿨한 영어 ☐

Look who's here! / Look who it is! 이게 누구야!

'이게 누구야!', '여기 누가 있는지 좀 봐 봐!'처럼 **뜻밖의 장소에서 아는 사람을 오랜만에 만났을 때 쓰는 표현**입니다. 그래서 흔히 It's a small world!나 What a small world!(세상 참 좁네!) 같은 표현과 함께 쓰이죠.

☐

What have you been up to? 뭐 하고 지냈어?

처음 만나는 사람보다는 **잘 알고 지내는 사람에게 부담 없이 안부를 묻는 표현**입니다. 중간의 have 발음을 흘려서 [와러뷰빈업투]라고 하거나 아예 have를 발음하지 않고 What you been up to?[왓츄빈업투]처럼 말하기도 하니 발음에 주의하세요.

☐

It's been ages! 정말 오랜만이네!

우리말의 '백만 년 만이네!'처럼 **아주 오랜만에 아는 사람을 다시 만났을 때 쓰는 표현**입니다. 여기서 It's는 It has의 줄임표현이며, 비슷한 표현으로 It's been forever.나 It's been years.라고 하기도 합니다.

How have you been (doing)?
어떻게 지냈어(요)?

I hope you are (doing) well.
잘 지내고 있기를 바랍니다.

It's great to hear from you.
소식 듣게 되어 반가워요.

MP3 002

헷갈리면
Good to
see you.

→ **Long time no see.** 는 사실 원어민이 잘 쓰지 않는 표현이에요.

우리가 오랜만에 만났을 때 가장 흔히 쓰는 표현 중 하나인 Long time no see.는 1800년대 미국으로 이주한 중국인들이 I haven't seen you in a long time.을 단순화한 broken English를 쓴 것에서 유래된 표현이에요. 그래서 영어 원어민들은 이렇게 말하면 알아듣기는 하지만, 문법적으로 어색한 이 표현을 많이 사용하지는 않습니다.

일상 영어 ☐

It's been a long time/a while.
I haven't seen you in [for] a long time/in a while. 오랜만이네(요).

얼마나 오랜만에 만났는지에 따라서 이 두 표현을 활용하여 다양한 상황에서 쓸 수 있습니다.

It's been ages/forever/years.
I haven't seen you in ages/forever/years.
정말 오랜만이네(요).

→ **It's been a minute.** 과 **I haven't seen you in a minute.** 은 '1분 만에 만났네'일까요?

It's been a minute.과 I haven't seen you in a minute.은 가까운 사이에서 쓰이는 비격식체 표현으로 '오랜만이군'을 뜻합니다. 친한 친구들이 오랜만에 만났을 때 반어법으로 장난치는 느낌의 표현이라서, 격식을 갖추어야 하는 상황에서 잘못 쓰면 상대방이 불편해할 수도 있으니 주의해야 합니다.

2

쿨한 영어	일상 영어
Look who's here! / **Look who it is!** 이게 누구야!	**It's been a long time.** 오랜만이네(요).
What have you been up to? 뭐 하고 지냈어?	**I haven't seen you in a while.** 오랜만이네(요).
It's been ages! 정말 오랜만이네!	**(It's) Good to see you.** (다시) 만나서 반가워(요).

☐

(It's) Good to see you. (다시) 만나서 반가워(요).

오랜만에 만났을 때 가장 흔히 쓰이는 표현입니다. It's good to see you. 처럼 완전한 문장 형태로 쓰면 좀 더 격식을 갖춘 인사 표현이 됩니다. Good to see you.는 Nice/Great to see you.와 같은 의미로 '만나서 반가워'의 뜻도 있지만, 만나고 헤어지면서 대화를 마무리할 때 편하게 쓸 수 있는 인사 표현입니다.

매너 영어 ☐

How have you been (doing)? 어떻게 지냈어(요)?

What have you been up to?보다 좀 더 격식 있는 표현입니다. 주로 Hey!(여어!) 다음에 쓰여서 Hey! How have you been?으로 쓰이거나, '오랜만이네요'의 다양한 표현과 함께 It's been a long time. How have you been?처럼 쓰이기도 합니다.

How have you been (doing)?
어떻게 지냈어(요)?

I hope you are (doing) well.
잘 지내고 있기를 바랍니다.

It's great to hear from you.
소식 듣게 되어 반가워요.

헷갈리면
Good to see you.

I hope you are (doing) well. 잘 지내고 있기를 바랍니다.

주로 오랜만에 쓰는 편지나 이메일에서 안부를 물을 때 쓰는 표현으로, It's been a long time/a while since we talked.(말씀 나눈 지 오랜만이네요) 다음에 자주 쓰입니다.

It's great to hear from you. 소식 듣게 되어 반가워요.

상대방과 오랜만에 만나거나 연락을 한 후의 화답 표현입니다.

21

3 어떻게 지내요?

쿨한 영어	일상 영어
What's up? 어떻게 지내?	**How are you (doing)?** 어떻게 지내요?
What's new? 별일 없지? 뭔 일 있어?	**How is it going?** 어찌 지내(요)? 잘 지내(요)?
What's going on? 별일 없지? 뭔 일 있어?	**How is life (treating you)?** 어떻게 지내(요)?
You alright? (英) 어떻게 지내요?	

쿨한 영어 ☐

What's up? 어떻게 지내?

비격식체 표현인 What's up?은 보통 두 가지 의미로 쓰입니다.

1. 구어체에서 안부 인사: 안녕? 어쩐 일이야? (= How are you?)
2. 뭔가 잘못됐거나 상대방이 걱정스럽게 보일 때: 무슨 일이야? 뭔 일 있어?

대답은 별일 없을 때는 다음과 같이 두 가지 형태로 말합니다.

1. Not much. / Nothing (much). / Not bad. / (Pretty) Good. / Perfect.
2. What's up? (똑같이 화답)

What's up?을 더 쿨하게 What up?[와덥, 와럽], Wassup?[와썹], Sup?[썹]처럼 말하기도 하지만, 지나치게 격이 떨어지게 말하는 것이니 사용에 주의해야 합니다.

☐

What's new? / What's going on? 별일 없지? 뭔 일 있어?

두 표현 다 **What's up?**과 비슷한 가벼운 인사 표현입니다.

How are things (with you)?
어떻게 지내(요)?

How was your day? / Have you
done much today? (英) 오늘 하루 어땠어(요)?

헷갈리면
How
are you
(doing)?

You alright? (英) 어떻게 지내요?

영국에서 **How are you?**(어떻게 지내요?)의 뜻으로 쓰이는 가벼운 인사 표현으로, Are you alright?에서 Are를 생략한 것입니다. 심지어는 you 마저도 생략하여 Alright?처럼 인사하기도 합니다.

일상 영어

How are you? / How are you doing? 어떻게 지내요?

안부를 물을 때 가장 많이 쓰이는 표현들입니다. 보통 Good morning!/ Good afternoon!/Good evening!이나 Hello!, Hi! 같은 인사 뒤에 놓여서 '어떻게 지내(요)?'의 의미로 쓰입니다. **How are you?가 How are you doing?보다 더 격식을 갖춘 느낌**이며, 대답은 자신의 안부를 짧게 말하고 How are you (doing)?이나 How about you?처럼 상대방의 안부를 되묻는 것이 일반적입니다. 참고로 How are you doing?은 '안녕하세요'의 의미도 있으므로, 이때는 How are you doing?이라고 하거나 Good, thanks. 정도로 답하면 됩니다.

23

3

쿨한 영어	일상 영어
What's up? 어떻게 지내?	**How are you (doing)?** 어떻게 지내요?
What's new? 별일 없지? 뭔 일 있어?	**How is it going?** 어찌 지내(요)? 잘 지내(요)?
What's going on? 별일 없지? 뭔 일 있어?	**How is life (treating you)?** 어떻게 지내(요)?
You alright? (英) 어떻게 지내요?	

☐

How is it going? 어찌 지내(요)? 잘 지내(요)?

How are you (doing)?보다 격식 없이 편하게 지내는 사람에게 주로 쓰는 표현으로, 여기서 it은 your life나 your day 정도를 의미합니다.

☐

How is life (treating you)?
How are things (with you)? 어떻게 지내(요)?

How are you?보다 좀 더 격식 없이 쓰이는 표현들입니다. How is life treating you?는 아래와 같이 life 앞에 형용사를 다르게 하여 좀 더 자세한 안부를 묻는 표현으로도 많이 쓰입니다.

- **How is your married** life treating you? 결혼 생활은 어때요?
- **How is your working** life treating you? 직장 생활은 어때요?

How are things (with you)?
어떻게 지내(요)?

How was your day? / Have you
done much today? (英) 오늘 하루 어땠어(요)?

How are things는 뒤에 'with+대상'을 붙여서 지칭한 대상의 안부를
물을 때 많이 사용합니다.

- How are things with **you two?** 둘이 어떻게 지내요? (둘이 잘 지내죠?)
- How are things with **your family?** 가족은 어떻게 지내요? (가족들은 잘 지
  내죠?)

□
How was your day?
Have you done much today? (英) 오늘 하루 어땠어(요)?

How was your day?는 하루 일과가 끝날 무렵이나 일과 후에 상대방
을 만났을 때, **오늘 하루는 어땠는지 안부를 묻는 표현**입니다. 영국에서
는 똑같은 표현으로 Have you done much today?도 자주 씁니다.

영어권 국가별 다양한 인사말들

영국

Hiya! / Heya! / Are you alright? / Alright?

-Hiya!는 Hi!와, Heya!는 Hey!와 비슷한 어투의 친근감 있는 영국식 인사말입니다.

-Are you alright?과 Alright?을 '괜찮아요?'라는 뜻으로만 알고 있겠지만, 영국에서는 '안녕?' 정도의 뉘앙스로 쓰이는 표현입니다. 영국인 사이에서는 Hello!만큼 많이 쓰이는 매우 친숙한 인사 표현이죠.

> **대답:**
> **Alright. 괜찮아요.**
> **Yeah, you? 네, 그쪽은요?**
> **I am alright, yourself? 전 괜찮아요. 그쪽은요?**

호주

G'day! / G'day mate! / G'day love! / How are you going?

-호주에서는 Good day의 줄임말인 G'day에 영국과 호주에서 친한 친구를 의미하는 mate(미국에서는 주로 buddy라고 표현) 또는 손아랫사람을 친근하게 부를 때 쓰는 love(미국에서는 주로 dear라고 표현)를 추가하여 친근감 있게 '안녕'이라고 표현합니다.

-How are you going?은 How is it going?이나 How are you doing?('어떻게 지내?' 혹은 '안녕?')을 의미하는 호주 특유의 표현으로, G'day (mate/love)! 뒤에 쓰거나 단독으로 인사말로 씁니다. 호주인들이 여러분에게 '개레이메잍, 해이여고인'?이라고 하면 친근감 있게 G'day mate, how are you going?(안녕?) 하고 인

사하는 것이니, 이때는 Good, thanks.라고 친절하게 답해 주
세요.

미국 남부 방언

Howdy?

How do you do?의 줄임말로, 주로 미국 남부 지역 카우보이
들이 쓰던 인사에서 유래한 표현입니다. 미국 남부 텍사스주
에서 많이 쓰는 편한 인사말이다 보니 영어를 제2외국어로
배우는 이들에게는 미국 고전 영화에서나 들을 수 있는 익숙
하지 않은 표현이죠.

Hi y'all!

미국 남부에서 주로 쓰이는 인사말로, '여러분 안녕(하세
요)?'란 뜻의 Hi you all!을 줄여 빠르게 말하는 표현입니다.
미국 남부 특유의 사투리를 써서 말하면 마치 '하야오'처럼
들려서 인사를 하는 건지 못 알아들을 수도 있습니다. 여러분
이 이 발음을 잘못 하면 미국 남부 사람이 여러분을 중국인으
로 생각하고 중국어로 말을 거는 것으로 오해할 수도 있으니
참고하세요.

일상 영어를 매너 영어로 바꿔 주는 존칭 표현들

상대방의 이름을 모를 때
: sir(남성), ma'am/madam(여성)

ma'am은 madam의 줄임말로, 주로 미국에서 많이 쓰는 표현입니다.

Excuse me, sir, and ma'am(madam). Your table is ready.
선생님, 여사님, 테이블이 준비되었습니다.

상대방의 이름을 알 때
: Mr.(남성)/Mrs.(기혼 여성)/Miss(미혼 여성)/Ms.(미혼 여성+기혼 여성) + 성(last name)

현대 영어에서 남자는 결혼 여부에 관계없이 Mr.로 존칭하고, 여자는 결혼 여부에 따라 Miss와 Mrs.로 구분하는 것을 구시대적인 생각으로 보아 일반적으로는 Ms.로 부르는 걸 선호합니다. 참고로 Miss 뒤에는 점을 표기하지 않습니다. 북미 영어에서는 Mr./Mrs./Ms.처럼 마지막에 점을 표기하지만, 영국 영어에서는 Mr/Mrs/Ms처럼 점을 표기하지 않습니다.

Today, we invited Mr. and Mrs. Kim and Miss Choi as our guest speakers.
오늘 김 선생님과 김 여사님, 그리고 최 선생님을 초대 연설자로 초청하였습니다.

Excuse me, Mr./Mrs./Miss처럼 뒤에 상대방 성을 넣지 않고 상대방을 호명하면, 우리말로 '아저씨(Mr.)', '아줌마(Mrs.)', '아가씨(Miss)' 같은 느낌의 격식 없는 어조로 부르는 투가 되어 일부 사람들은 불쾌하게 생각할 수도 있으니 주의해야 합니다.

Hey, Mr./Mrs., can you kick our ball to us?
아저씨/아줌마! 공 좀 우리한테 차 줄래요?

How about a cup of tea, Miss? 아가씨, 차 한잔 어때요?

이러한 상대방을 존칭하는 표현들을 일상 영어 표현의 앞이
나 뒤에 넣으면 존칭조의 매너 영어가 됩니다.

하지만 쿨한 영어 표현에 이러한 존칭 표현들을 같이 쓰면 비
격식과 격식 구문이 한 문장에 공존하게 되어 어색한 표현이
되니 주의하세요.

쿨한 영어 + 존칭 표현 → 어색한 표현

What's up, sir!
안녕, 선생님!

Ms. Kim, long time no see!
김 선생님, 오랜만이야!

일상 영어

How are you?
어떻게 지내(요)?

Good to see you.
다시 만나 반가워(요).

일상 영어 + 존칭 표현 → 매너 영어

How are you, sir?
선생님은 어떻게 지내세요?

Ms. Kim. It's good to see you.
김 선생님, 다시 만나서 반가워요.

4 안부 인사에 긍정적인 대답: 좋아요. 잘 지내요.

쿨한 영어	일상 영어
Good! / Fine! / Great! / Peachy! 좋아!	I am (doing) good/well/fine/ great, thank you. 잘 지내(요). 고마워(요).
Cool! / Keeping (things) cool! 요즘 아주 괜찮아!	I am okay! / I am all right! 괜찮아(요)!
I am A-Okay. 아~주 좋아.	I feel [am doing] great/marvelous/ wonderful/fantastic! 아주 좋아(요)! 환상적이에요!
Marvelous! / Wonderful! / Fantastic! 아주 좋아! 환상적이야!	

쿨한 영어

Good! / Fine! / Great! / Peachy! 좋아!

Good! Fine! Great!는 안부에 대한 긍정적인 답변으로 가장 많이 쓰이며, '좋아!'를 뜻합니다. **Peachy!**는 '복숭아의', '복숭아 같은'의 의미도 있지만 미국에서는 비격식 표현으로 '좋아!'의 뜻입니다.

Cool! 아주 좋아!
Keeping things cool! 일이 잘 풀리고 있어!

Cool은 비격식 표현으로 '멋진', '아주 좋은'을 뜻하기에 Keeping things cool!은 일이 잘 풀리고 있는 것을 의미합니다.

I am A-Okay. 아~주 좋아.

A-Okay는 **Okay**를 강조하는 표현으로, I am A-Okay.는 '완전 괜찮아', '아~주 좋아'의 뜻입니다.

매너 영어

It couldn't be better.
이보다 더 좋을 순 없어요.

Never (been) better.
더할 나위 없이 좋아요.

Things are great/marvelous/ wonderful/fantastic. 모든 것이 환상적이에요.

Things are looking up.
상황이 좋아지고 있어요.

MP3 004

헷갈리면
I am good, thank you.

일상 영어

I am (doing) good/well/fine/great, thank you. (기분이) 좋아, 고마워.

일상 회화에서 상황이 좋을 때 가장 많이 쓰이는 표현입니다. 영어에서는 '주어 + 동사 + (목적어/보어)'로 된 완전한 문장으로 말할수록 좀 더 격조 있는 문장이 됩니다.

I am okay! / I am all right! 괜찮아(요)!

이 두 표현은 그럭저럭 괜찮은 상황을 나타낼 때 쓰이며 'okay'와 'all right'을 확실하게 강조해서 말해야 긍정적인 대답이 됩니다. 'okay', 'all right'을 약하게 말하면 '그냥저냥 괜찮지 뭐' 같은 다소 퉁명스러운 대답으로 들릴 수 있으니 주의해야 합니다.

4

쿨한 영어	일상 영어
Good! / Fine! / Great! / Peachy! 좋아!	I am (doing) good/well/fine/ great, thank you. 잘 지내(요). 고마워(요).
Cool! / Keeping (things) cool! 요즘 아주 괜찮아!	I am okay! / I am all right! 괜찮아(요)!
I am A-Okay. 아~주 좋아.	I feel [am doing] great/marvelous/ wonderful/fantastic! 아주 좋아(요)! 환상적이에요
Marvelous! / Wonderful! / Fantastic! 아주 좋아! 환상적이야!	

☐
I feel [am doing] great/marvelous/wonderful/
fantastic! 아주 좋아(요)! 환상적이에요!

영어에서는 '주어 + 동사 + (목적어/보어)'로 된 완전한 문장으로 말
할수록 좀 더 격조 있는 문장이 됩니다. 그렇기 때문에 쿨한 영어에
나온 표현들 앞에 I am doing 또는 I feel을 써서 **I am doing good.**이
나 **I feel marvelous.**처럼 완전한 문장으로 표현하면 상대방을 좀 더 존중
해 주는 어투의 일상 영어 표현이 됩니다.

매너 영어 ☐
It couldn't be better. 이보다 더 좋을 순 없어요.
Never (been) better. 더할 나위 없이 좋아요.

better와 부정 어구 표현인 not 또는 never를 함께 써서 **이보다 더 좋을**
수 없을 정도로 일이 아주 잘 되어 가는 상황을 표현합니다.

It couldn't be better.
이보다 더 좋을 순 없어요.

Never (been) better.
더할 나위 없이 좋아요.

Things are great/marvelous/
wonderful/fantastic. 모든 것이 환상적이에요.

Things are looking up.
상황이 좋아지고 있어요.

헷갈리면
I am good, thank you.

Things are great/marvelous/wonderful/fantastic. 모든 것이 환상적이에요.

모든 일이 환상적으로 잘 풀리고 있다는 의미가 되지요. Things are 대신 Everything is를 넣어 말해도 마찬가지 의미입니다.

Things are looking up. 상황이 좋아지고 있어요.

상황이 호전되고 있는 상태임을 표현할 때 쓰는 매너 있는 표현입니다. look up에는 우리가 흔히 아는 '찾아보다'란 뜻 외에도 '(사업·사람의 상황 등이) 나아지다'라는 의미가 있습니다.

5 안부 인사에 중립적인 대답: 그럭저럭 지내요.

쿨한 영어	일상 영어
Not good, not bad. 좋지도 않고 나쁘지도 않아.	**Just okay/alright.** 그냥 괜찮아.
(Been) Getting by. 그럭저럭 살아가고 있어.	**Nothing special.** 특별한 건 없어.
Can't complain. 나쁠 건 없어.	**Same as always/usual.** 늘 똑같아.
Hanging in there. 그냥 버티고 사는 거지 뭐.	**Average.** 보통이지.
Fair to middling. 그저 그래.	

쿨한 영어

Not good, not bad. 좋지도 않고 나쁘지도 않아.

말 그대로 특별히 좋지도 않고 나쁘지도 않다는 의미입니다.

(Been) Getting by. 그럭저럭 살아가고 있어.

get by는 '지나가다(pass)'를 뜻하며, **(Been) Getting by.**는 여기서 파생되어 '삶이 큰 문제없이 지나가고 있다', 즉 '그럭저럭 살고 있다'를 의미합니다.

Can't complain. 나쁠 건 없어.

불평할 것 없이 그럭저럭 사는 것을 의미하여 '나쁠 건 없어'를 뜻합니다.

MP3 005

매너 영어

Things are moderate/mediocre.
별거 없어요.

Every day is one of those days.
매일매일이 똑같죠.

I take one day at a time.
그냥저냥 사는 거죠.

Nothing stands out.
특이사항 없습니다.

헷갈리면
It's just okay.

☐ Hanging in there. 그냥 버티고 사는 거지 뭐.

안부 인사의 대답으로 쓰이는 **Hanging in there.**는 '**그냥저냥 버티면서 살다**'를 뜻합니다. 반면 Hang in there!라고 하면 구어체로 '버텨 봐', '조금만 참아 봐', '힘내' 같은 응원과 격려의 표현입니다.

☐ Fair to middling. 그저 그래.

가벼운 농담조로 쓰여 '그저 그래'를 뜻하며, 구어체에서는 마지막의 g를 생략하여 Fair to middlin'으로 표기하기도 합니다. 사전적인 의미의 middling은 '중간 정도의(moderate)'의 뜻으로, 원래 fair to middling 은 농산물 같은 상품의 상태에 등급을 매길 때 '좋지도 나쁘지도 않 은 중간 정도 수준의'를 지칭하는 표현입니다.

→ **How are you?에 대한 답으로 'so-so'는 적당하지 않은 표현이에요.**
우리가 '그럭저럭'으로 알고 있는 so-so는 영화나 음식 등의 질적인 만족도에 대해 답변 할 때 좋지도 나쁘지도 않을 경우에 쓰는 표현입니다. 일상 생활이 그럭저럭일 경우에는 보통 so-so보다는 앞에서 배운 표현들을 선호하기 때문에 사용에 주의해야 합니다.

5

쿨한 영어	일상 영어
Not good, not bad. 좋지도 않고 나쁘지도 않아.	**Just okay/alright.** 그냥 괜찮아.
(Been) Getting by. 그럭저럭 살아가고 있어.	**Nothing special.** 특별한 건 없어.
Can't complain. 나쁠 건 없어.	**Same as always/usual.** 늘 똑같아.
Hanging in there. 그냥 버티고 사는 거지 뭐.	**Average.** 보통이지.
Fair to middling. 그저 그래.	

A: How was the movie? 그 영화 어땠어?
B: It was so-so. (O) 그냥 그랬어.

A: How are you? 어떻게 지내?
B: So-so. (△) 그럭저럭. (원어민에게는 익숙하지 않은 대답)

일상 영어 ☐

> **Just okay/alright.** 그냥 괜찮아.
> **Nothing special.** 특별한 건 없어.
> **Same as always/usual.** 늘 똑같아.
> **Average.** 보통이지.

모두 특별할 것 없는 평범한 일상을 표현할 때 쓰입니다. 앞에 It's를 붙여 완전한 문장으로 쓰면 상대방을 좀 더 존중해 주는 어투가 됩니다.

매너 영어 ☐

> **Things are moderate/mediocre.** 별거 없어요.

moderate은 '보통의, 중간의'란 뜻으로, Things are moderate.은 **평범한 일상을 지내고 있다는 표현**입니다. 반면 mediocre는 '보통밖에 안 되

Things are moderate/mediocre.
별거 없어요.

Every day is one of those days.
매일매일이 똑같죠.

I take one day at a time.
그냥저냥 사는 거죠.

Nothing stands out.
특이사항 없습니다.

헷갈리면
It's just okay.

는'의 뜻으로, Things are mediocre. 하면 '뭐 좋을 게 있겠어요' 같은 퉁명스러운 어투로 보일 수 있어 사용에 주의해야 합니다.

Every day is one of those days. 매일매일이 똑같죠.
I take one day at a time. 그냥저냥 사는 거죠.

두 표현 다 **특별하지 않은 무미건조한 하루를 산다는 의미**입니다. 심심한 일상을 보내는 뉘앙스의 표현이라서 사용에 주의해야 합니다.

Nothing stands out. 특이사항 없습니다.

stand out은 '눈에 띄다, 두드러지다'를 뜻합니다. 그래서 Nothing stands out.은 특별한 일 없는 일반적인 상황일 때 씁니다. **보통은 비즈니스 상황에서 진행 상황에 대한 대답**으로 쓰입니다.

6 안부 인사에 부정적인 대답: 안 좋아요.

쿨한 영어	일상 영어
My life sucks! 내 인생 참 뭣 같네!	**Not (so) good/well/great.** 별로 좋지 않아(요).
Lousy. / Awful. / Terrible. 엉망이야.	**Not that good/well/great.** 그렇게 좋지는 않아(요).
	I'm in a bad mood. 기분이 안 좋아(요).

쿨한 영어 ☐

My life sucks! 내 인생 참 뭣 같네!

suck은 속어로 '엉망이다', '형편없다'의 뜻이라 My life sucks!는 엉망 진창인 상황을 표현하는 비속어 표현입니다.

☐

Lousy. / Awful. / Terrible. 엉망이야.

셋 다 현재 상태가 좋지 않음을 나타내는 비속어 표현입니다.

일상 영어 ☐

Not (so) good/well/great. 별로 좋지 않아(요).
Not that good/well/great. 그렇게 좋지는 않아(요).

일상 회화에서 상황이 좋지 않을 때 가장 많이 쓰이는 표현입니다. so 대신 **that**을 쓰면 상대방이 예상하는 것보다 좋지 않은 컨디션이나 상황을 표현 하게 됩니다.

A: You got a silver medal at the contest yesterday. How's it going?
어제 경연에서 은메달 땄구나. 기분이 어때?

B: Not that good. I wish I could have gotten a gold medal.
(네 생각만큼) 그렇게 좋지는 않아. 금메달 딸 수 있었으면 좋았을 텐데.

I've had/seen better days.
더 좋은 날도 있었는데 말이죠.

I've been under the weather.
요즘 컨디션이 안 좋았어요.

MP3 006

헷갈리면

Not so good.

☐
I'm in a bad mood. 기분이 안 좋아(요.)

I'm not in a good mood. 라고도 쓰며, 현재의 상황으로 인해 기분이 좋지 않거나 불편한 상태를 표현합니다.

매너 영어 ☐
I've had/seen better days. 더 좋은 날도 있었는데 말이죠.

좋은 시절은 이미 지나가고 현재 그다지 좋은 상태는 아님을 뜻합니다.

☐
I've been under the weather. 요즘 컨디션이 안 좋았어요.

몸이나 컨디션이 좋지 않은 상태임을 표현할 때 쓰입니다. under the weather 자체가 '몸이 안 좋은'의 뜻입니다.

7 바쁜 것을 표현할 때: 그동안 바빴어요.

쿨한 영어	일상 영어
Been busy. 바빴어.	**I've been very busy.** 그동안 굉장히 바빴어(요).
Been slammed. 정신없이 바빴어.	**I don't have time to breathe.** 숨 돌릴 시간도 없어요.
Been swamped with work. 일에 치여 살았어.	**I am tied up.** 쉴 틈 없이 바빠요.
Been overworked. 일에 치여 살았어.	

쿨한 영어

Been busy. 바빴어.

Been busy.는 I have been busy.의 줄임 표현으로 '바빴다'를 뜻합니다.

Been slammed. 정신없이 바빴이.

slam은 '세게 밀다, 강하게 밀어 부치다'란 뜻으로, **Been slammed.** 하면 '일이 휘몰아치듯 많아서 바빴다'를 나타내는 비속어 표현입니다.

**Been swamped with work. /
Been overworked. 일에 치여 살았어.**

swamp는 '쇄도하다, 몰아붙이다'란 의미입니다. 그래서 **Been swamped with work.**는 일로 매우 많이 바쁜 상태를 표현하는 Been overworked.와 같은 뜻입니다.

There aren't enough hours in the day.
하루 24시간도 모자라요.

I had a hectic schedule/day.
바쁜 일정을 보냈어요.

Not a moment to spare.
잠깐의 여유도 없네요.

My plate is full.
여유가 전혀 없어요.

MP3 007

헷갈리면
I've been very busy.

일상 영어 ☐

> **I've been very busy.** 그동안 굉장히 바빴어(요).
> **I don't have time to breathe.** 숨 돌릴 시간도 없어요.
> **I am tied up.** 쉴 틈 없이 바빠요.

말 그대로 매우 바쁜 상태를 뜻합니다. **I am tied up.**은 I've been very busy.의 고급 표현으로, 일정이 꽉 짜여 있어서 다른 일에 신경을 쓰지 못할 정도로 바쁜 상태를 의미합니다. 그래서 상대방이 도와달라고 할 때 바쁜 일정 때문에 도와주기 어려워 공손하게 거절할 때 쓰일 수 있습니다.

A: **Can you help me now?** 지금 좀 도와줄 수 있어?
B: **I am sorry, but** I am tied up **right now.**
미안한데, 지금 너무 바빠서 도와줄 짬이 나지 않아.

7

쿨한 영어	일상 영어
Been busy. 바빴어.	**I've been very busy.** 그동안 굉장히 바빴어(요).
Been slammed. 정신없이 바빴어.	**I don't have time to breathe.** 숨 돌릴 시간도 없어요.
Been swamped with work. 일에 치여 살았어.	**I am tied up.** 쉴 틈 없이 바빠요.
Been overworked. 일에 치여 살았어.	

매너 영어 ☐

There aren't enough hours in the day.
하루 24시간도 모자라요.

24시간이 모자를 정도로 매우 **바쁜 상태**를 표현합니다.

☐

I had a hectic schedule/day. 바쁜 일정을 보냈어요.

hectic은 '정신없이 바쁜'의 의미로, I had a hectic schedule/day. 하면
정신없이 바쁜 하루를 보냈다는 걸 뜻하죠.

☐

Not a moment to spare. 잠깐의 여유도 없네요.

Not a moment to spare. 또한 **여분의 시간이 전혀 없는 바쁜 상태**를 나
타냅니다.

There aren't enough hours in the day.
하루 24시간도 모자라요.

I had a hectic schedule/day.
바쁜 일정을 보냈어요.

Not a moment to spare.
잠깐의 여유도 없네요.

My plate is full.
여유가 전혀 없어요.

헷갈리면
I've been very busy.

My plate is full. 여유가 전혀 없어요.

여기서 plate는 '접시, 쟁반'의 뜻이 아니라, '자신이 해야 할 몫, 할당량'을 뜻합니다. 그래서 **해야 할 몫이 꽉 차 있으니 바쁘다는 의미**이죠. I have를 써서 I have a full plate.로도 표현할 수 있습니다.

쿨한 영어	일상 영어
Yeah! 에! 응!	Yes. 응. 네.
Yep! / Yup! 넵! 옙!	Sure. 그럼(요). 물론(이죠).
Okay. 응. 알겠어.	Of course. 당연하지(요).
(That's) Right. 그래. 맞아.	I think so. 그렇게 생각해요.
Uh-huh! 그럼 그럼! 그렇지!	It works for me. 저는 좋아요. 저는 괜찮아요.

쿨한 영어 ☐

> **Yeah!** 에! 응!
> **Yep! Yup!** 넵! 옙!

Yeah!는 우리말로 '응! 그래! 어!' 정도에 해당하는 **Yes의 비격식 표현**입니다. Yep!과 Yup!은 **확실하게 맞다는 의미로 자신감 있고 단호하게 대답할 때** 씁니다.

☐

> **Okay.** 응. 알겠어.
> **(That's) Right.** 그래. 맞아.

Okay는 OK 또는 O.K.처럼 줄여서 표기하기도 하며, 구어체 영어에서는 Okayed (OK'd), Okaying (OK'ing)처럼 쓰여 **동의했거나 동의하는 중인 상태**를 의미합니다.

MP3 **008**

Absolutely. / Certainly.
무조건이죠. 물론이죠.

By all means.
아무럼요. 그럼요.

Affirmative.
옳습니다.

That's for sure/certain.
정말 그렇습니다. 확실합니다.

I couldn't agree with you more.
전적으로 동의합니다.

I couldn't have said it better.
제 말이 그 말입니다.

I'll be happy to do that.
기꺼이 그렇게 하겠습니다.

헷갈리면
Yes.

Right.는 '맞아'라는 동의의 의미로 쓰이며, That's right. 처럼 완전한 문장으로 쓰면 조금 더 격식을 갖춘 표현이 됩니다.

☐ **Uh-huh!** 그럼 그럼! 그렇지!

상대방의 말을 이해했거나 동의하니 계속 이야기해 보라는 의미의 감탄사입니다. Uh-uh.로 적으면 '아냐'라는 뜻의 정반대 의미가 되니 표기에 주의해야 합니다.

일상 영어 ☐ **Yes.** 응, 네.

가장 흔하게 쓰이는 긍정의 대답 표현입니다. 상황에 따라서 Yes, it/he/

8

쿨한 영어	일상 영어
Yeah! 에! 응!	Yes. 응. 네.
Yep! / Yup! 넵! 옙!	Sure. 그럼(요). 물론(이죠).
Okay. 응. 알겠어.	Of course. 당연하지(요).
(That's) Right. 그래. 맞아.	I think so. 그렇게 생각해요.
Uh-huh! 그럼 그럼! 그렇지!	It works for me. 저는 좋아요. 저는 괜찮아요.

she is. Yes, you are. Yes, they are.(네, 그렇습니다.)처럼 적거나 말하면 조금 더 격식을 갖춘 표현이 됩니다.

> ☐ **Sure.** 그럼(요).
> **Of course.** 당연하지(요).

Yes보다 좀 더 확신에 찬 대답으로 쓰여 '물론이죠. 그럼요.'를 뜻합니다.

> ☐ **I think so.** 그렇게 생각해요.
> **It works for me.** 저는 좋아요. 저는 괜찮아요.

I think so.는 '(다른 사람은 몰라도) 자신은 그렇게 생각한다'이며, **It works for me.**는 '괜찮다'라는 긍정의 대답 표현입니다.

Absolutely. / Certainly.
무조건이죠. 물론이죠.

By all means.
아무럼요. 그럼요.

Affirmative.
옳습니다.

That's for sure/certain.
정말 그렇습니다. 확실합니다.

I couldn't agree with you more.
전적으로 동의합니다.

I couldn't have said it better.
제 말이 그 말입니다.

I'll be happy to do that.
기꺼이 그렇게 하겠습니다.

헷갈리면
Yes.

매너 영어 ☐

Absolutely. / Certainly. 무조건이죠. 물론이죠.

둘 다 단호하게 '절대적으로 맞다, 동의하다'를 뜻하는 격식 있는 표현입니다.

☐

By all means. 아무럼요. 그럼요.

by all means가 수식어구로 쓰일 때는 '부디', '꼭', '반드시', '무슨 일이 있어도', '무슨 수를 써서라도'의 의미입니다. 하지만 By all means. 자체로 하나의 문장 표현으로 쓰이면 '아무럼요. 그럼요.'처럼 **절대적으로 동의한다**는 의미로 쓰입니다.

- **Let her come by all means.** (무슨 수를 써서라도) 반드시 그녀를 오게 하세요.
- **A: Do you mind if I borrow this book?** 이 책 제가 빌려가도 될까요?
  B: By all means. 그럼요.

8

쿨한 영어	일상 영어
Yeah! 에! 응!	**Yes.** 응. 네.
Yep! / Yup! 넵! 옙!	**Sure.** 그럼(요). 물론(이죠).
Okay. 응. 알겠어.	**Of course.** 당연하지(요).
(That's) Right. 그래. 맞아.	**I think so.** 그렇게 생각해요.
Uh-huh! 그럼 그럼! 그렇지!	**It works for me.** 저는 좋아요. 저는 괜찮아요.

☐ **Affirmative.** 옳습니다.

공식적으로 동의한다는 뜻의 격식 표현입니다. 공식적으로 반대 의사를 표명할 때는 Negative. 라고 합니다.

☐ **That's for sure/certain.** 정말 그렇습니다. 확실합니다.

Sure. 또는 **Of course.**를 좀 더 격조 있게 표현하여 '정말 그래요', '확실 합니다'를 뜻합니다.

☐ **I couldn't agree with you more.** 전적으로 동의합니다.

'이 이상으로 당신에게 동의할 수 없다'를 뜻하므로 '**전적으로 동의합 니다**'의 격식 표현입니다.

헷갈리면
Yes.

Absolutely. / Certainly.
무조건이죠. 물론이죠.

By all means.
아무럼요. 그럼요.

Affirmative.
옳습니다.

That's for sure/certain.
정말 그렇습니다. 확실합니다.

I couldn't agree with you more.
전적으로 동의합니다.

I couldn't have said it better.
제 말이 그 말입니다.

I'll be happy to do that.
기꺼이 그렇게 하겠습니다.

☐
I couldn't have said it better. 제 말이 그 말입니다.

'이 이상으로 더 잘 표현할 수 없다'를 뜻하기에 '제 말이 그 말이에요'
를 뜻하는 표현이 됩니다.

☐
I'll be happy to do that. 기꺼이 그렇게 하겠습니다.

'그것을 하면 행복할 것이다'를 뜻하여 '기꺼이 그렇게 하겠습니다'를 뜻
하는 표현입니다. 우리말로 비슷하게 '기꺼이 하겠습니다'로 해석되
는 I am willing to do that.은 '그것을 할 의지·용의가 있다'는 뜻으로,
전적인 동의를 뜻하는 I'll be happy to do that.과는 의미상 차이가 있
으니 사용에 주의해야 합니다.

9 질문이나 제안에 부정 · 비동의의 대답

쿨한 영어	일상 영어
Nah! 설마! 아니거든!	**No.** 아니(요).
Nope! 아니욥!	**Of course not.** 당연히 아니지(요).
No way! 절대 아니야! 말도 안 돼!	**I don't think so.** 난 그렇게 생각하지 않아(요).
Nonsense! 허튼소리!	**It doesn't work for me.** 저는 안 돼요.
Rubbish! 말 같지도 않은 소리하고 있네!	**Not likely. / Not necessarily.** 꼭 그런 건 아니지(요).
Uh-uh. 아니 아니. 아냐 아냐.	

쿨한 영어 ☐

> ## Nah! 설마! 아니거든!
> ## Nope! 아니욥!

Nah!는 우리말로 '아니거든' 정도로 쓰이는 **No의 비격식 표현**입니다. Nah를 지나치게 많이 쓰면 장난치듯 대응하는 것으로 보여 상대방이 불편해할 수 있기에 사용에 주의해야 합니다. Nope!은 우리말 '아니욥, 절대 아니에요'와 비슷한 뜻으로 **'확실하게 아니다'를 자신감 있고 단호하게 대답할 때** 쓰입니다.

☐

> ## No way! 절대 아니야! 말도 안 돼!

There is no way. 의 축약 표현으로 **'결코 아니다'를 뜻하는 단호한 구어체 표현**입니다.

MP3 009

Absolutely not. / Certainly not.
전혀 아니에요.

By no means.
절대로 그렇지 않아요.

I couldn't agree with you less.
당신 말에 전적으로 동의 못하겠어요.

I am afraid not.
그렇지 않을 것 같네요.

I am sorry to say this, but…
이렇게 말해서 미안하지만,

I beg to differ.
제 생각은 다릅니다.

헷갈리면

No.

Nonsense! 허튼소리!
Rubbish! 말 같지도 않은 소리하고 있네!

둘 다 '허튼소리', '말도 안 되는 이야기'를 뜻하며, **상대방의 말이 터무니없을 때 쓰는 대답 표현**입니다.

Uh-uh. 아니 아니. 아냐 아냐.

'아니 아니'처럼 **상대방 말에 동의하지 않을 때 쓰는 감탄사**입니다. 철자가 비슷한 Uh-huh!로 쓰면 '그럼 그럼!'의 정반대 의미가 되니 표기에 주의해야 합니다.

9

쿨한 영어	일상 영어
Nah! 설마! 아니거든!	**No.** 아니(요).
Nope! 아니욥!	**Of course not.** 당연히 아니지(요).
No way! 절대 아니야! 말도 안 돼!	**I don't think so.** 난 그렇게 생각하지 않아(요).
Nonsense! 허튼소리!	**It doesn't work for me.** 저는 안 돼요.
Rubbish! 말 같지도 않은 소리하고 있네!	**Not likely. / Not necessarily.** 꼭 그런 건 아니지(요).
Uh-uh. 아니 아니. 아냐 아냐.	

일상 영어 ☐

No. 아니(요).

가장 흔하게 쓰이는 부정의 대답 표현입니다. 상황에 따라서 No, it/he/
she isn't. No, you are not. No, they are not.(아니요, 그렇지 않습니다.)처럼 완전
한 문장 형태로 적거나 말하면 조금 더 격식을 갖춘 표현이 됩니다.

☐

Of course not. 당연히 아니지(요).

No.보다 좀 더 확신에 찬 대답을 할 때 쓰여 '당연히 아니죠', '물론 아니
죠'를 뜻합니다.

☐

I don't think so. 난 그렇게 생각하지 않아(요).
It doesn't work for me. 저는 안 돼요.

Absolutely not. / Certainly not.
전혀 아니에요.

By no means.
절대로 그렇지 않아요.

I couldn't agree with you less.
당신 말에 전적으로 동의 못하겠어요.

I am afraid not.
그렇지 않을 것 같네요.

I am sorry to say this, but…
이렇게 말해서 미안하지만.

I beg to differ.
제 생각은 다릅니다.

I don't think so.는 '(다른 사람은 몰라도) 나는 그렇게 생각하지 않는다'이며, It doesn't work for me.는 '괜찮지 않다'를 뜻하는 부정의 대답 표현입니다.

☐
Not likely. / Not necessarily. 꼭 그런 건 아니지(요).

'상대방 말이 옳지 않을 수도 있다'를 뜻하는 부정의 표현입니다.

매너 영어 ☐
Absolutely not. / Certainly not. 전혀 아니에요.

둘 다 단호한 어조로 쓰여 '절대 아니다, 절대 동의하지 않는다'의 격식 있는 표현입니다.

9

쿨한 영어	일상 영어
Nah! 설마! 아니거든!	**No.** 아니(요).
Nope! 아니욥!	**Of course not.** 당연히 아니지(요).
No way! 절대 아니야! 말도 안 돼!	**I don't think so.** 난 그렇게 생각하지 않아(요).
Nonsense! 허튼소리!	**It doesn't work for me.** 저는 안 돼요.
Rubbish! 말 같지도 않은 소리하고 있네!	**Not likely. / Not necessarily.** 꼭 그런 건 아니지(요).
Uh-uh. 아니 아니. 아냐 아냐.	

By no means. 절대로 그렇지 않아요.

by no means는 '결코 ~하지 않은'을 뜻하며, By no means. 처럼 문장 표현으로 쓰이면 '절대로 그렇지 않다'의 의미입니다.

- **He is by no means an inexperienced technician.**
  그는 결코 경험 없는 기술자가 아니다.

- **A: Do you mind if I take this book?** 이 책 가져가도 될까요?
  B: By no means. 절대 안 돼요.

I couldn't agree with you less.
당신 말에 전적으로 동의 못하겠어요.

'이 이상으로 당신에게 동의 안 할 수 없다'를 뜻하여 '전적으로 동의하지 않습니다'의 격식 있는 표현입니다.

Absolutely not. / Certainly not.
전혀 아니에요.

By no means.
절대로 그렇지 않아요.

I couldn't agree with you less.
당신 말에 전적으로 동의 못하겠어요.

I am afraid not.
그렇지 않을 것 같네요.

I am sorry to say this, but…
이렇게 말해서 미안하지만,

I beg to differ.
제 생각은 다릅니다.

I am afraid not. 그렇지 않을 것 같네요.

I don't think so.보다 격식 있게 동의할 수 없음을 나타내는 표현으로, '그렇지 않을 것 같습니다'의 의미입니다.

I am sorry to say this, but… 이렇게 말해서 미안하지만,

보통 but 뒤에 상대방의 말을 부정하는 내용이 따라와서 **부드러운 어투로** '(상대방의 말이) 맞지 않다'고 표현할 때 쓰입니다.

A: **I think this is right.** 내 생각에는 이게 맞아요.
B: **I am sorry to say this, but we have a different opinion.**
이런 말씀 드려 죄송하지만, 저희는 생각이 다릅니다.

I beg to differ. 제 생각은 다릅니다.

정중하게 다른 의견을 말할 때 쓰여 '제 생각은 다릅니다'를 뜻합니다.

10 질문이나 제안에 대답을 고민할 때

쿨한 영어	일상 영어
Gimme some time. 시간 좀 줘 봐.	**I need time to think about it.** 생각할 시간이 필요해(요).
Let me sit/sleep on it. 생각 좀 해 볼게.	**I need some time.** 시간이 조금 필요해요.
Wait a sec. / Give me a sec. 잠깐만 기다려 봐.	**Let me think.** 생각 좀 해 보자.
Hold on. / Hang on. 잠시만.	**I'll think about it.** 생각해 볼게.

쿨한 영어 ☐

Gimme some time. 시간 좀 줘 봐.

gimme는 **give me**를 발음 그대로 적은 구어체 표기로, 비격식 표현이니 사용에 주의해야 합니다.

☐

Let me sit/sleep on it. 생각 좀 해 볼게.

고민거리가 있을 때 **결정을 잠시 뒤로 미루고 앉아서 또는 한숨 푹 자면서 곰곰이 생각해 보는 것**을 뜻합니다.

☐

Wait a sec. / Give me a sec. 잠깐만 기다려 봐.

sec.은 second의 줄임말로 '초'를 의미하며, sec. 대신 min.(minute: 분) 을 사용하여 표현하기도 합니다.

I think I need another minute.
시간이 조금 더 필요할 것 같습니다.

I'll give it some thought.
생각 좀 해 보겠습니다.

Could you give me some time?
시간 좀 주시겠어요?

Can I let you know later?
다음에 알려 드려도 될까요?

MP3 010

헷갈리면
I need time to think about it.

Hold on. / Hang on. 잠시만.

대화를 하거나 일을 진행하는 도중에 잠깐 멈추어야 할 상황에 많이 쓰입니다.
같은 상황에서 Hold that thought. 이라고 하면 Hold on. 보다는 상대방을 좀 더 배려하는 '미안한데, 잠깐만'을 뜻하는 표현이 됩니다.

일상 영어

I need time to think about it. 생각할 시간이 필요해(요).
I need some time. 시간이 조금 필요해요.

우리말로 '생각할 시간이 필요하다'는 영어에서도 think와 time을 활용해서 위의 표현처럼 나타냅니다.

Let me think. 생각 좀 해 보자.
I'll think about it. 생각해 볼게.

'생각해 보자'를 뜻하며, 여럿이 '함께 고민해 보자'의 경우에는 Let's think about it together. 로 표현합니다.

10

쿨한 영어	일상 영어
Gimme some time. 시간 좀 줘 봐.	**I need time to think about it.** 생각할 시간이 필요해(요).
Let me sit/sleep on it. 생각 좀 해 볼게.	**I need some time.** 시간이 조금 필요해요.
Wait a sec. / Give me a sec. 잠깐만 기다려 봐.	**Let me think.** 생각 좀 해 보자.
Hold on. / Hang on. 잠시만.	**I'll think about it.** 생각해 볼게.

매너 영어 ☐

I think I need another minute.
시간이 조금 더 필요할 것 같습니다.

another minute은 대답이나 결정을 위해 추가로 필요한 시간을 뜻합니다. another minute을 이용한 다른 표현으로 Can you give me another minute?(시간좀더주시겠어요?)이 있는데, 특히 음식점에서 메뉴를 고르면서 시간이 좀 더 필요한 경우에 자주 쓰입니다.

☐

I'll give it some thought. 생각 좀 해 보겠습니다.

충분히 고려할 시간을 가지고 결정을 고민해 보겠다는 어투로, I'll think it over.도 비슷한 의미로 쓰입니다.

I think I need another minute.
시간이 조금 더 필요할 것 같습니다.

I'll give it some thought.
생각 좀 해 보겠습니다.

Could you give me some time?
시간 좀 주시겠어요?

Can I let you know later?
다음에 알려 드려도 될까요?

헷갈리면

I need time to think about it.

☐

Could you give me some time? 시간 좀 주시겠어요?
Can I let you know later? 다음에 알려 드려도 될까요?

지금 당장 답변하거나 결정하기 곤란할 때 상대방에게 결정을 뒤로 미루어도 괜찮은지 여부를 묻는 정중한 표현입니다.

11 질문이나 설명을 이해했을 때

쿨한 영어	일상 영어
I get it! / I got it! 이해했어!	I see. / I understand. 알겠어(요). 그렇군(요). 이해해(요).
Gotcha! 알았어!	I hear you. 그러게 말이에요. 심정 이해해요.
Crystal clear. 완전 이해했어.	Understood. 확실히 이해했어.
	I know what you mean. 무슨 뜻인지 알겠어(요).
	I can tell what you are talking about. 네가 무슨 이야기하는지 알겠어.

쿨한 영어 ☐

I get it. / I got it. 이해했어.

둘 다 비격식체로 '이해했어'를 뜻합니다. 다만 동사의 시제에 차이가 있어서 **I get it.**은 모르다가 알게 된 순간에 쓰여 '이제 알겠어'나 '이제 감 잡았어' 정도의 의미이고, **I got it.**은 '(확실히) 이해했어'를 뜻하는 표현입니다.

☐

Gotcha! 알았어!

I got you.의 줄임말이자 비격식체로 '이해했다'를 뜻합니다. 원래 I got you.는 상대방을 'get(얻다, 붙잡다)하였다'는 의미로 '(너를) 잡았다', '딱 걸렸다'의 뜻입니다. 여기서 의미가 확장되어 '이해했다'의 표현도 가능하게 된 것이죠.

매너 영어

I follow you.
(말씀하신 내용) 이해합니다.

I take your point.
무슨 말씀인지 알겠습니다.

Fair enough.
(생각이나 제안이) 괜찮습니다. 좋습니다.

MP3 011

헷갈리면
I see.

Crystal clear. 완전 이해했어.

투명함을 대표하는 crystal에 clear를 붙여 '명확하다'를 뜻합니다. 그래서 질문이나 설명의 대답으로 **Crystal clear.**를 쓰면 '확실히 알겠다', '완전히 이해했다'란 의미입니다.

일상 영어

I see. 알겠어(요). 그렇군(요).
I understand. 이해해(요).

I see.는 상대방의 말을 알아듣고 내용을 이해했을 때 가장 무난하게 답할 수 있는 표현입니다. **I understand.**는 **I see.**보다 좀 더 세밀하게 상대방이 원하는 것이나 상황을 파악하고 이해하고 있다는 의미로 '이해해요'를 뜻합니다.

11

쿨한 영어	일상 영어
I get it! / I got it! 이해했어!	**I see. / I understand.** 알겠어(요). 그렇군(요). 이해해(요).
Gotcha! 알았어!	**I hear you.** 그러게 말이에요. 심정 이해해요.
Crystal clear. 완전 이해했어.	**Understood.** 확실히 이해했어.
	I know what you mean. 무슨 뜻인지 알겠어(요).
	I can tell what you are talking about. 네가 무슨 이야기하는지 알겠어.

☐
I hear you. 그러게 말이에요. 심정 이해해요.

단순히 상대방의 말을 이해한 것보다는 **상대방의 말에 '완전히 공감한
다'는 것을 강조**해서 '저도 그래요', '그맘 다 알죠'의 의미로 쓰입니다.

☐
Understood. 확실히 이해했어.

understand(이해하다)의 과거시제 표현으로, '상대방 말을 정확하게 이
해했다, 의도를 확실하게 파악했다'의 뜻으로 쓰입니다.

I follow you.
(말씀하신 내용) 이해합니다.

I take your point.
무슨 말씀인지 알겠습니다.

Fair enough.
(생각이나 제안이) 괜찮습니다. 좋습니다.

헷갈리면
I see.

I know what you mean. 무슨 뜻인지 알겠어(요).
I can tell you what you are talking about.
네가 무슨 이야기하는지 알겠어.

둘 다 상대방이 말한 내용의 의도를 파악하고 있다는 뜻으로 쓰입니다. 주로 상대방이 다양한 이야기를 한꺼번에 해서 그중 핵심을 파악해야 하는 상황이나, 상대방의 대화에 숨겨진 의도가 있을 때 그 의도를 이해하고 있다는 대답 표현으로 많이 쓰입니다.

매너 영어

I follow you. (말씀하신 내용) 이해합니다.

당신의 말을 따라가고 있다, 즉 말하는 내용에 대한 맥락을 이해하고 있다는 뜻으로 쓰입니다.

11

쿨한 영어	일상 영어
I get it! / I got it! 이해했어!	**I see. / I understand.** 알겠어(요). 그렇군(요). 이해해(요).
Gotcha! 알았어!	**I hear you.** 그러게 말이에요. 심정 이해해요.
Crystal clear. 완전 이해했어.	**Understood.** 확실히 이해했어.
	I know what you mean. 무슨 뜻인지 알겠어(요).
	I can tell what you are talking about. 네가 무슨 이야기하는지 알겠어.

□

I take your point. 무슨 말씀인지 알겠습니다.

'당신의 말의 요점을 이해하다'의 뜻으로, **'무슨 말인지 알겠습니다'**,
'그럴 수도 있겠네요'라는 의미의 표현입니다. I see your point. 나 Point
taken. 도 같은 의미로 쓰입니다. 상대방의 말의 의도를 이해했다는
뜻이지 그렇다고 꼭 동의한다는 것은 아니기 때문에 상황에 따라서
긍정과 부정의 반응을 보이는 표현 양쪽 모두에 쓰일 수 있습니다.

긍정적 반응
I take your point, sir. I will follow your order.
무슨 말씀인지 알겠습니다. 명령하시는 대로 따르겠습니다.

부정적 반응
I take your point, but I will do it my way.
그럴 수도 있겠네요. 하지만 저는 (따르지 않고) 제 방식대로 할게요.

I follow you.
(말씀하신 내용) 이해합니다.

I take your point.
무슨 말씀인지 알겠습니다.

Fair enough.
(생각이나 제안이) 괜찮습니다. 좋습니다.

헷갈리면
I see.

Fair enough. (생각이나 제안이) 괜찮습니다. 좋습니다.

'생각이나 제안이 충분이 타당하거나 공정하다'를 뜻하여, 사안에 대하여 동의하거나 찬성할 때 쓰이는 '괜찮네요'를 뜻합니다.

12 질문이나 설명을 잘못 이해했거나 오해했을 때

쿨한 영어	일상 영어
Huh? 엥? 응?	**What was that? / I am sorry?** 뭐라고 했어(요)?
What? 뭐?	**What did you say?** 뭐라고 말했어(요)?
Sorry? 뭐라고?	**I didn't quite get that.** 잘 못 알아들었어요.
	I am sorry, I didn't get that. 죄송해요. 잘 못 알아들었어요.

쿨한 영어 ☐

Huh? 엥? 응?

친한 혹은 만만한 상대의 말을 못 알아들었거나 상대방의 대화 내용이 황당할 경우에 쓰는 **표현**으로 우리말의 '엥?', '응?'과 비슷한 표현입니다. 억양을 높여 말해야 하며, 비음을 약간 섞어서 코맹맹이 같은 소리로 '허엉?'처럼 발음하죠. 친한 사람과 대화할 때 한두 번 정도 쓰는 것은 문제없지만, 지나치게 많이 쓰면 상대방 말을 선성으로 듣거나 비아냥조로 반응한다는 느낌을 줄 수 있으므로 사용에 주의해야 합니다. 참고로, Huh?는 일반 문장의 마지막에 있을 때는 '그렇지?'처럼 동의를 구하는 비격식체 표현으로도 쓰입니다.

A: (비격식) Time goes so fast, huh? 시간 참 빨리 지나간다. 그치?
A': (일반문) Time goes so fast, isn't it? 시간 참 빨리 지나간다. 그렇지 않아?
B: Yeah. It's already the end of the year. I can't believe it.
그러게. 벌써 연말이네. 안 믿겨.

Excuse me? / Pardon me?
네? 뭐라고 하신 거죠?

Could you say/repeat that again?
다시 한번 말씀해 주시겠어요?

That went over my head.
제가 이해를 전혀 못했습니다.

I don't see your point.
무슨 말씀을 하는 건지 잘 모르겠습니다.

MP3 012

헷갈리면
What was that?

What? 뭐?

What was that? 또는 **What did you say?**의 줄임말이며 '뭐?', '뭐라고?'를 뜻합니다. 상대방의 말을 못 알아들었거나 또는 상대방의 말이 너무나 황당하고 터무니없을 때(보통은 어이없는 표정을 수반함) 쓰입니다. 우리나라 사람들이 원어민과 대화하다 영어를 못 알아들었을 때 자주 사용하는데, 못 알아들어서 다시 물어보는 의도가 아닌 상대방 말에 불쾌한 기분을 표현한 것으로 오해할 수 있으므로 사용에 주의해야 합니다.

Sorry? 뭐라고?

I am sorry?의 줄임말로, What?과 마찬가지로 **상대방의 말을 못 알아들었거나 또는 상대방의 말이 터무니없을 때** 쓰이며 쏘아붙이는 투의 What?보다는 좀 더 부드러운 어조의 표현입니다. 마지막이 마침표로 쓰여서 Sorry.로 적혀 있으면 '미안해'의 의미가 되므로 사용에 주의해야 합니다.

12

쿨한 영어	일상 영어
Huh? 엥? 응?	**What was that? / I am sorry?** 뭐라고 했어(요)?
What? 뭐?	**What did you say?** 뭐라고 말했어(요)?
Sorry? 뭐라고?	**I didn't quite get that.** 잘 못 알아들었어요.
	I am sorry, I didn't get that. 죄송해요. 잘 못 알아들었어요.

일상 영어 ☐

> **What was that? / I am sorry?** 뭐라고 했어(요)?
> **What did you say?** 뭐라고 말했어(요)?

상대방의 말을 못 알아들어서 다시 물어볼 때 가장 많이 쓰는 표현들입니다. 세 표현 모두 마지막 단어에서 억양을 높여야 하는 것에 주의하세요.

☐

> **I didn't quite get that.** 잘 못 알아들었어요.
> **I am sorry, I didn't get that.** 죄송해요. 잘 못 알아들었어요.

이 두 표현에서 that은 상대방이 한 말(what you have said)을 뜻합니다. 말을 확실하게 이해하지 못해서 다시 반복해서 물어보는 상황일 때 에둘러 쓰는 표현입니다.

Excuse me? / Pardon me?
네? 뭐라고 하신 거죠?

Could you say/repeat that again?
다시 한번 말씀해 주시겠어요?

That went over my head.
제가 이해를 전혀 못했습니다.

I don't see your point.
무슨 말씀을 하는 건지 잘 모르겠습니다.

헷갈리면
What was that?

매너 영어 ☐

Excuse me? / Pardon me? 네? 뭐라고 하신 거죠?

I am sorry?보다 격식 있게 상대방 말을 다시 되묻는 **표현**입니다. 이렇게 다시 묻는 의미로 쓰일 때는 I am sorry?와 마찬가지로 억양이 올라가야 확실하게 원하는 대로 의미가 전달됩니다.

☐

Could you say/repeat that again?
다시 한번 말씀해 주시겠어요?

정중하게 요청할 때 쓰는 Could you를 앞에 붙여서 '다시 한번 말씀해 주시겠어요?'라는 의미의 격식 표현이 됩니다.

☐

That went over my head.
제가 이해를 전혀 못했습니다.

go over one's head는 두 가지 의미로 쓰입니다. 첫 번째는 '(상대방의 말이) 머리 위로 지나가다'의 의미로 의역하면 '내 지적 능력 밖에 있기

12

쿨한 영어	일상 영어
Huh? 엥? 응?	**What was that? / I am sorry?** 뭐라고 했어(요)?
What? 뭐?	**What did you say?** 뭐라고 말했어(요)?
Sorry? 뭐라고?	**I didn't quite get that.** 잘 못 알아들었어요.
	I am sorry, I didn't get that. 죄송해요. 잘 못 알아들었어요.

때문에 이해하기가 어렵다'는 뜻입니다. 상대방은 꽤 성의 있게 설명해 주었지만 듣는 이의 지식 수준에서 감당할 수 있는 내용이 아닐 때, 좀 더 쉽게 설명해 달라고 요청하거나 상대방에게 내 능력으로 이해가 불가능한 이야기라고 알릴 때 쓰는 표현입니다.

A: Were you able to understand my speech? 내 연설 알아들었어요?
B: I am sorry to say this, but that went right over my head.
이런 말씀 드려 죄송한데, (제 수준으로는) 하나도 이해하지 못했습니다.

go over one's head의 두 번째 의미는 주로 직장에서 '누군가를 건너 뛰고 더 높은 직급의 사람에게 말을 하다'이니 잘 구분해서 사용해야 합니다.

A: I was really upset when he went over my head and talked to my boss. 그가 나를 건너뛰고 상사에게 바로 말해서 나 아주 화났어.
B: You should have warned him not to do that.
그에게 그렇게 하지 말라고 미리 경고했어야지.

헷갈리면
What was that?

Excuse me? / Pardon me?
네? 뭐라고 하신 거죠?

Could you say/repeat that again?
다시 한번 말씀해 주시겠어요?

That went over my head.
제가 이해를 전혀 못했습니다.

I don't see your point.
무슨 말씀을 하는 건지 잘 모르겠습니다.

☐

I don't see your point. 무슨 말씀을 하는 건지 잘 모르겠습니다.

상대방이 장황하게 이야기하거나 말에 요점을 잡기 어려울 때 '하시고 싶은 말씀이 뭔지 모르겠어요'를 뜻하는 정중한 표현입니다.

13 의견에 동참할 때

쿨한 영어	일상 영어
I'm in. 나도 낄게(요).	**I think so.** 내 생각도 그래(요).
I'm down. / I'm game. 콜!	**That works for me.** 저는 좋아(요).
I'm cool with that. 좋지!	**(That) Sounds good/fine/great.** 좋은 것 같아(요).
I have (got) no beef with that! 그거에 불만 없어!	**I like it. / I love it.** 좋아(요).
Sure thing! 당근이지!	**That is a good/great idea.** 좋은 생각이네(요).
	That makes sense. 일리가 있어(요).
	I agree. 동의해(요).

쿨한 영어 ☐

I'm in. 나도 낄게(요).

상대방 의견에 동참할 때 쓰는 표현이며, 비슷한 의미로 Count me in. 도 있습니다.

☐

I'm down. / I'm game. 콜!
I'm cool with that. 좋지!

모두 상대방 의견에 동의하여 '좋아'라고 할 때 쓰는 표현입니다. 우리나라에서 많이 쓰는 '오케이, 콜!(Okay, call!)'은 원어민에게는 어색한 콩글리시 표현이니 사용에 주의해야 합니다.

MP3 013

That suits me fine.
그러면 저도 좋습니다.

My thoughts exactly!
제 생각도 그렇습니다!

It doesn't get any better than this.
이보다 더 좋을 순 없겠는데요.

I couldn't agree with you more.
전적으로 동의합니다.

I have no problem with that.
따르는 데 전혀 문제없습니다.

헷갈리면
I think so.

☐
I have (got) no beef with that! 그거에 불만 없어!

'불만 없어', '괜찮아'를 뜻합니다. beef는 '소고기'의 뜻이지만 영어 슬랭으로는 '불만', '악감정'의 의미로 쓰이기도 합니다.

☐
Sure thing! 당근이지!

'당연히 그래야 한다'를 뜻해서 우리말로는 '당근이지'와 유사한 표현입니다.

쿨한 영어	일상 영어
I'm in. 나도 낄게(요).	I think so. 내 생각도 그래(요).
I'm down. / I'm game. 콜!	That works for me. 저는 좋아(요).
I'm cool with that. 좋지!	(That) Sounds good/fine/great. 좋은 것 같아(요).
I have (got) no beef with that! 그거에 불만 없어!	I like it. / I love it. 좋아(요).
Sure thing! 당근이지!	That is a good/great idea. 좋은 생각이네(요).
	That makes sense. 일리가 있어(요).
	I agree. 동의해(요).

일상 영어 ☐

I think so. 내 생각도 그래(요).

상대방 말에 동의를 뜻하는 말로 가장 많이 쓰이는 표현입니다.

☐

That works for me. 저는 좋아(요).

'그렇게 해도 괜찮다'는 의미의 표현으로 다른 사람은 몰라도 일단 자신은 확실히 동의한다는 어감으로 쓰입니다.

☐

(That) Sounds good/fine/great. 좋은 것 같아(요).

원어민이 상대방 의견을 받아들일 때 가장 흔하게 쓰는 표현입니다.

That suits me fine.
그러면 저도 좋습니다.

My thoughts exactly!
제 생각도 그렇습니다!

It doesn't get any better than this.
이보다 더 좋을 순 없겠는데요.

I couldn't agree with you more.
전적으로 동의합니다.

I have no problem with that.
따르는 데 전혀 문제없습니다.

헷갈리면
I think so.

I like it. / I love it. 좋아(요).

I like it.은 대화에서 **긍정적으로 의견을 받아들일 때** 많이 쓰이며, I love it.은 I like it.보다 더 적극적이고 많이 좋아하는 뉘앙스의 표현입니다.

That is a good/great idea. 좋은 생각이네(요).

상대방의 의견을 긍정적으로 판단할 때 쓰는 표현입니다.

That makes sense. 일리가 있어(요).

맞는 말이라고 상대방의 의견에 수긍할 때 많이 쓰입니다.

13

쿨한 영어	일상 영어
I'm in. 나도 낄게(요).	I think so. 내 생각도 그래(요).
I'm down. / I'm game. 콜!	That works for me. 저는 좋아(요).
I'm cool with that. 좋지!	(That) Sounds good/fine/great. 좋은 것 같아(요).
I have (got) no beef with that! 그거에 불만 없어!	I like it. / I love it. 좋아(요).
Sure thing! 당근이지!	That is a good/great idea. 좋은 생각이네(요).
	That makes sense. 일리가 있어(요).
	I agree. 동의해(요).

I agree. 동의해(요).

좀 더 확실하게 의견에 동의를 표할 때 쓰이는 표현입니다.

매너 영어

That suits me fine. 그러면 저도 좋습니다.

That works for me.를 좀 더 격식 있게 나타낸 표현입니다.

My thoughts exactly! 제 생각도 그렇습니다!

상대방과 같은 생각이라는 뜻으로 **Me too.** 또는 **Me either.**를 격식 있
게 나타낸 영어 표현입니다.

That suits me fine.
그러면 저도 좋습니다.

My thoughts exactly!
제 생각도 그렇습니다!

It doesn't get any better than this.
이보다 더 좋을 순 없겠는데요.

I couldn't agree with you more.
전적으로 동의합니다.

I have no problem with that.
따르는 데 전혀 문제없습니다.

헷갈리면
I think so.

It doesn't get any better than this.
이보다 더 좋을 순 없겠는데요.
I couldn't agree with you more. 전적으로 동의합니다.

상대방 의견을 100% 받아들일 때 쓰는 강력한 동의 표현들입니다.

I have no problem with that. 따르는 데 전혀 문제없습니다.

주로 비즈니스 상황에서 상대방이 불편함을 느낄 수 있는 상황이나 싫어할 수도 있는 의견 등을 낼 때 기꺼이 따르겠다는 의미로 많이 쓰입니다.

쿨한 영어	일상 영어
It sucks! 별로야!	**I don't think so.** 그렇게 생각 안 해(요).
Forget it. 됐다고.	**I don't like it.** 싫어(요).
Save it. (그런 얘기는) 그만해.	**It's not for me.** 좀 아닌 것 같아(요).
Dream on. 놀고 있네.	**I don't get it.** 이해가 안 돼(요).
You wish. 그건 네 생각이고.	**That doesn't make sense.** 그건 말이 안 돼(요).
	Not likely. (꼭) 그럴 것 같지는 않아(요).
	No chance. / Not a chance. 어림없어(요). 그럴 리가 없어(요).

쿨한 영어   ☐

It sucks! 별로야!

상대방의 의견에 불쾌함을 나타낼 때 쓰며, '별로야', '구린데' 정도의 표현입니다.

☐

Forget it. 됐다고.

상대방의 의견 등을 더 이상 고려하지 않겠다는 강한 표현입니다.

☐

Save it. 그만해.

상대방이 계속 듣고 싶지 않은 의견을 제시할 때 '이제 그만해'라고 강하게

I don't agree with that.
저는 거기에 동의하지 않습니다.

That's a valid point, but…
좋은 지적/의견이지만.

Not my thoughts exactly.
제 생각은 다릅니다.

MP3 014

헷갈리면
I don't think so.

충고할 때 쓰입니다.

Dream on. 놀고 있네.

빈정대는 투로 '꿈꾸고 있네'를 뜻하여 **상대방이 절대로 현실에서는 일어나지 않을 것 같은 말을 할 때 비아냥조로 대답하는 표현**입니다.

You wish. 그건 네 생각이고.

Dream on.과 마찬가지 상황에 쓰여서 **상대방의 말이 실현 불가능할 것같을 때** '그건 네 생각이고'(다른 사람들은 그렇게 생각하지 않음)라며 **비아냥조로 대답하는 표현**입니다.

14

쿨한 영어	일상 영어
It sucks! 별로야!	**I don't think so.** 그렇게 생각 안 해(요).
Forget it. 됐다고.	**I don't like it.** 싫어(요).
Save it. (그런 얘기는) 그만해.	**It's not for me.** 좀 아닌 것 같아(요).
Dream on. 놀고 있네.	**I don't get it.** 이해가 안 돼(요).
You wish. 그건 네 생각이고.	**That doesn't make sense.** 그건 말이 안 돼(요).
	Not likely. (꼭) 그럴 것 같지는 않아(요).
	No chance. / Not a chance. 어림없어(요). 그럴 리가 없어(요).

일상 영어 ☐

> **I don't think so.** 그렇게 생각 안 해(요).
> **I don't like it.** 싫어(요).

직설적이지만 확실하게 상대방 의견에 동의하지 않음을 보여주는 대답 표현들입니다.

> **It's not for me.** 좀 아닌 것 같아(요).

다른 사람은 몰라도 '나는 동의하지 않는다'는 어감의 표현입니다.

> **I don't get it.** 이해가 안 돼(요).
> **That doesn't make sense.** 그건 말이 안 돼(요).

I don't get it.은 상대방의 말이나 행동이 왜 그런지 이해할 수 없을 때 쓰

I don't agree with that.
저는 거기에 동의하지 않습니다.

That's a valid point, but...
좋은 지적/의견이지만.

Not my thoughts exactly.
제 생각은 다릅니다.

헷갈리면
I don't
think so.

는 표현이고, **That doesn't make sense.**는 상대방의 말이 이치에 맞지 않을 경우에 반박할 때 씁니다.

☐ **Not likely.** (꼭) 그럴 것 같지는 않아(요).

맞을 수도 있겠지만 내 생각에 상대방 말이 틀린 것 같다는 어감의 표현입니다.

☐ **No chance. / Not a chance.**
어림없어(요). 그럴 리가 없어(요).

'절대 그럴 리가 없다'(= **Absolutely not**)는 어투의 강력한 부정 표현입니다.

14

쿨한 영어	일상 영어
It sucks! 별로야!	**I don't think so.** 그렇게 생각 안 해(요).
Forget it. 됐다고.	**I don't like it.** 싫어(요).
Save it. (그런 얘기는) 그만해.	**It's not for me.** 좀 아닌 것 같아(요).
Dream on. 놀고 있네.	**I don't get it.** 이해가 안 돼(요).
You wish. 그건 네 생각이고.	**That doesn't make sense.** 그건 말이 안 돼(요).
	Not likely. (꼭) 그럴 것 같지는 않아(요).
	No chance. / Not a chance. 어림없어(요). 그럴 리가 없어(요).

매너 영어 ☐

I don't agree with that.
저는 거기에 동의하지 않습니다.

비즈니스 상황에서 의견에 동의하지 않을 때 가장 흔하게 쓰는 표현입니다.

☐

That's a valid point, but...
좋은 지적/의견이지만,

상대방 말이 일리가 있기는 하지만 그렇게 할 수 없거나 하면 안 될 경우에 쓰며, but 뒤에 동의할 수 없는 이유나 반대 의견이 나옵니다.

A: This product is the cheapest one with the great quality.
이 제품이 성능 대비 가장 저렴한 제품이에요.

B: That's a valid point, but we have no choice but to purchase another one because that product is currently out of stock.
일리 있는 말이긴 한데, 그 제품은 현재 재고가 없어서 다른 제품을 구입해야 해요.

매너 영어

I don't agree with that.
저는 거기에 동의하지 않습니다.

That's a valid point, but…
좋은 지적/의견이지만.

Not my thoughts exactly.
제 생각은 다릅니다.

Not my thoughts exactly.
제 생각은 다릅니다.

'상대방과 생각이 다르다'의 뜻으로 I don't think so.를 좀 더 격식 있게 표현한 것입니다.

15 작별 인사

쿨한 영어	일상 영어
See ya! / Cya! 안뇽!	Good-bye. / Bye-bye. 안녕! 안녕히 가[계]세요.
Bye! 안녕!	(It was) Good to see you. 만나서 반가웠어요.
Till next time! 다음에 봐!	(I'll) See/Catch you later. 나중에 또 봐(요).
	Take care. / Take it easy. 잘 있어(요). 잘 지내(요).
	Nice to see you. / Nice seeing you. 만나서 반가웠어요.
	Have a good day/one. 좋은 하루 보내세요.

쿨한 영어 ☐

See ya! / Cya! 안뇽!

See you later.의 줄임말로 '안뇽', '담에 봐' 정도의 뜻입니다. 메시지를 보낼 때는 Cya!처럼 줄여서 적기도 합니다.

☐

Bye! 안녕!

Good-bye. 또는 **Bye-bye.**의 줄임말로 '안녕', '잘 있어'를 뜻합니다.

☐

Till next time! 다음에 봐!

Good-bye until next time.의 줄임말로, '다음에 보자'란 뜻의 비격식체 표현입니다.

I hope to meet you again.
다시 만나면 좋겠습니다.

I look forward to our next meeting.
다음 만남을 고대하겠습니다.

It was a pleasure/great meeting you.
만나서 반가웠습니다.

It's been a real pleasure.
정말 즐거웠습니다.

Thank you for sharing your precious
time. 귀한 시간 내주셔서 감사드립니다.

It is an honor to have met you.
뵙게 되어 영광이었습니다.

헷갈리면
Good-bye.

일상 영어

Good-bye. / Bye-bye. 안녕! 안녕히 개[계]세요.

일상생활에서 가장 무난하게 쓸 수 있는 작별 인사이며 뒤에 for now(오늘은
이만)를 붙여서 쓰기도 합니다.

(It was) Good to see you. 만나서 반가웠어요.

만나서 반가웠다는 작별 인사입니다. It was를 붙여 It was good to see
you.처럼 완전한 문장으로 쓰면 좀 더 격식 있는 작별 인사가 됩니다.

(I'll) See/Catch you later. 나중에 또 봐(요).

다음에 또 볼 의향이 있음을 보여주기에 Good-bye. 같은 단순한 작별 인사
보다는 상대방에게 좀 더 정감 있게 와닿는 표현입니다. See you 다음에

15

쿨한 영어	일상 영어
See ya! / Cya! 안뇽!	**Good-bye. / Bye-bye.** 안녕! 안녕히 계[가]세요.
Bye! 안녕!	**(It was) Good to see you.** 만나서 반가웠어요.
Till next time! 다음에 봐!	**(I'll) See/Catch you later.** 나중에 또 봐(요).
	Take care. / Take it easy. 잘 있어(요). 잘 지내(요).
	Nice to see you. / Nice seeing you. 만나서 반가웠어요.
	Have a good day/one. 좋은 하루 보내세요.

later 대신 아래와 같은 표현들을 써서 작별 인사를 나눌 수 있습니다.
See you soon/again/next time.

☐
Take care. 잘 있어(요).

Take care.는 Take care of yourself.의 줄임말로 '잘 있어', '건강 잘 챙겨
(요)'의 뜻입니다. **상대방을 배려하는 다정다감한 인사로도 쓰이고, 격식
없는 편지나 이메일에서 마지막에 적는 인사 표현**으로도 많이 쓰입니다.

☐
Take it easy. 잘 지내(요).

Take care.와 비슷한 표현으로 '잘 지내요'를 뜻합니다. easy는 '쉬운'
이란 뜻도 있지만 '마음이 편안한, 안정된'의 의미도 있습니다. 그렇기
때문에 Take it easy.는 아래와 같은 다양한 의미로 쓰일 수 있습니다.

헷갈리면 Good-bye.

I hope to meet you again.
다시 만나면 좋겠습니다.

I look forward to our next meeting.
다음 만남을 고대하겠습니다.

It was a pleasure/great meeting you.
만나서 반가웠습니다.

It's been a real pleasure.
정말 즐거웠습니다.

Thank you for sharing your precious time. 귀한 시간 내주셔서 감사드립니다.

It is an honor to have met you.
뵙게 되어 영광이었습니다.

1. 마음 편히 생각해. 진정해.
The surgery went well so don't worry too much and take it easy.
수술은 잘 됐으니까 너무 걱정 말고 안심해.

2. 쉬어. 여유를 가져.
The project was done. You've been working hard so take it easy now. 프로젝트가 끝났어요. 그동안 열심히 일했으니 이제 좀 쉬어요.

□
Nice to see you. / Nice seeing you. 만나서 반가웠어요.

Nice to see you.는 상대방을 만났을 때와 헤어질 때 모두 쓰지만 Nice seeing you.는 헤어질 때만 쓰는 인사입니다. 앞에 It was를 붙여서 완전한 문장으로 표현하면 더 격식 있는 어조의 표현이 됩니다. 유사한 표현인 Nice to meet/meeting you.는 생전 처음 만나는 사람과 인사를 나누고 헤어질 때만 쓰이므로, 아는 사이에 인사를 나눌 때는 Nice to see/seeing you.를 쓰는 것이 자연스럽습니다.

15

쿨한 영어	일상 영어
See ya! / Cya! 안뇽!	**Good-bye. / Bye-bye.** 안녕! 안녕히 가[계]세요.
Bye! 안녕!	**(It was) Good to see you.** 만나서 반가웠어요.
Till next time! 다음에 봬!	**(I'll) See/Catch you later.** 나중에 또 봬(요).
	Take care. / Take it easy. 잘 있어(요). 잘 지내(요).
	Nice to see you. / Nice seeing you. 만나서 반가웠어요.
	Have a good day/one. 좋은 하루 보내세요.

☐

Have a good day/one. 좋은 하루 보내세요.

'좋은 하루 보내세요'를 뜻하는 다정다감한 표현입니다. 그래서 보통 일상 대화뿐 아니라 음식점, 마트, 호텔 등의 서비스 업종에서 일하는 직원이 손님에게 하는 인사로 많이 쓰입니다.

매너 영어 ☐

I hope to meet you again.
다시 만나면 좋겠습니다.
I look forward to our next meeting.
다음 만남을 고대하겠습니다.

둘 다 다음에 다시 만나길 바란다는 의미의 격식 있는 작별 인사 표현입니다. look forward to는 '(일어날 일을) 고대하다, 기쁜 마음으로 기다리다'를 뜻하며, I look forward to meeting you soon.(곧 뵙기를 고대하겠습니다.)은 비즈니스 이메일을 쓸 때 작별 인사로 많이 쓰입니다.

헷갈리면
Good-bye.

I hope to meet you again.
다시 만나면 좋겠습니다.

I look forward to our next meeting.
다음 만남을 고대하겠습니다.

It was a pleasure/great meeting you.
만나서 반가웠습니다.

It's been a real pleasure.
정말 즐거웠습니다.

Thank you for sharing your precious
time. 귀한 시간 내주셔서 감사드립니다.

It is an honor to have met you.
뵙게 되어 영광이었습니다.

It was a pleasure/great meeting you.
만나서 반가웠습니다.
It's been a real pleasure. 정말 즐거웠습니다.

상대방과의 만남이 큰 기쁨이 되었다는 의미의 **격조 있는 작별 인사 표**
현입니다.

Thank you for sharing your precious time.
귀한 시간 내주셔서 감사드립니다.
It is an honor to have met you. 뵙게 되어 영광이었습니다.

둘 다 극존칭을 나타내는 어투의 표현으로, **주로 존경하는 대상과 만나**
고 헤어질 때 쓰는 인사입니다.

How are you?의 대답으로
I'm fine, thank you.는 이제 그만!

영어권 문화의 가장 큰 특징 중 하나가 바로 "give & take(공평한 조건에서의 교환, 타협)" 즉 '주는 만큼 받고 받는 만큼 준다'입니다. 특히나 상대방과 친하지 않거나 유대 관계가 전혀 없는 경우에는 무언가 사소한 도움을 받더라도 미국인들은 그만큼의 대가로 꼭 보답하기를 원하죠. 거기서는 이런 문화가 너무 당연한 거라서 원어민들이 아주 사소한 일이라도 잘 모르는 이에게 도움받는 것 자체를 별로 달가워하지 않습니다. 부득이하게 도움을 받은 경우에는 어떻게든 그에 상응하는 대가를 지불하려고 합니다.

한 예로 필자가 미국에서 대학 생활을 할 때 도서관 주차장에서 핸드폰을 주운 적이 있습니다. 그 전화로 계속 전화가 오길래 받아보니 아니나 다를까 핸드폰 주인이더군요. 도서관 앞에 있다고 하니 핸드폰을 가지러 금방 왔습니다. 사실 저는 한 5분도 채 안 되는 시간을 기다린 것이 다인데 오자마자 고맙다는 말과 동시에 저에게 20불을 주더라고요. 제가 극구 괜찮다고 거절했지만 저에게 "You are worth getting it because you've been waiting here for me."라고 하며 억지로 저에게 돈을 쥐어 주고 갔습니다. 너의 시간을 내가 빼앗은 만큼 당연히 그 대가를 지불해야 한다는 것이죠.

또 한번은 보험회사에서 한 아주머니가 너무 오래 기다리느라 직장에 못 가고 있다고 불평하자 담당자가 그 자리에서 바로 그 아주머니에게 두 시간치 일당을 물어보고 현금으로 주더라고요. 그리고 그 아주머니는 너무나 당연하다는 식으로 돈을 받았고요. 이런 상황뿐 아니라 미국에서 "give & take" 문화는 어떠한 상황에서든 기본적으로 지켜야 하는 일종의 에티켓이라고 생각하는 것 같습니다.

일상 대화에서도 이러한 원칙은 지켜집니다. 초면이거나 혹은 이전에 만난 적은 있지만 아직 서로에 대해 잘 모르는 미국인과 대화를 할 때 많은 분들이 어떻게 하면 대화를 자연스럽고 원활하게 해 나갈 수 있을지 궁금해합니다. 이에 대한 해답 중 하나가 바로 이 "give & take" 문화를 정확하게 이해하고 대화를 해 나가는 것이지요. 여러분의 진정한 모습을 먼저 보여 주면 상대방도 당연히 그만큼 자신의 모습을 보여 줘야 한다는 얘기죠.

아마 여러분들은

"How are you?", "How are you doing?"
또는
"How's it going?"
이라고 외국인이 인사하면 단순하게
"Good, how are/about you?"
또는
"I'm fine thank you, and you?"
라고 하실 거예요.

교과서에서 배운 대로 너무나 당연한 응답 표현이라고 생각하겠지만, 사실 이렇게 얘기했을 때 상대방한테서 돌아오는 대답은 당연히 여러분의 응답과 마찬가지로 "Good."이나 "I'm okay." 정도밖에 기대할 수 없습니다. 이때, 상대방이 붙임성 있는 외국인이라서 먼저 이야깃거리를 꺼내지 않으면 다음 대화를 진행하기가 쉽지 않습니다. 여러분의 개인적인 이야기를 꺼내는 것도 잘 모르는 사람에게 결례인 것 같고 상대방에게 질문하더라도 사생활을 침해하는 것은 아닌가 걱정이 되고 도대체 무슨 말로 대화를 이어 나가야 할지 답답하죠.

왜 더 이상 대화의 진전이 어려운 걸까요? 사실은 처음 인사할 때부터 여러분은 자신에 대해서 이야기할 수 있는 기회를 "Good."이라는 형식적이고 딱딱한 표현을 쓰면서 놓쳐버린 겁니다. 앞으로는 외국인이 여러분에게 "How are you doing?"이라고 인사할 때 나음과 같이 응답해 보세요.

"I am doing great because I will meet my girlfriend to celebrate her birthday!"
오늘 여자 친구 생일을 축하하러 만날 거라서 아주 좋아요.

"I feel terrible because I hit a squirrel while I was driving home."
집에 운전하고 가다가 다람쥐를 치어서 기분이 너무 안 좋아요.

이렇게 여러분의 일상에 대해 가벼운 내용을 함께 넣어 응답하면 상대방도 그러한 여러분의 일상에 대해 보다 부담 없고 편안하게 물어보면서 대화를 시작할 수 있습니다. 그러고 나서 "How about you?"라고 물어보면 상대방도 "Good." 같은 형식적 응답보다는, 다음과 같이 가벼운 주제의 개인적인 일상에 대한 내용과 더불어 응답을 할 거예요.

"Good. I am going to visit my grandfather's home."
좋아요. 할아버지 댁에 갈 거라서요.

"I feel bad because I lost my bag in the library."
도서관에서 가방을 잃어버려서 기분이 안 좋아요.

이럴 때 "How is your grandfather doing?(할아버지는 어떻게 지내세요?)" 또는 "I guess you should contact librarians to make sure that they keep your bag in their lost-and-found.(분실물 보관소에 가방을 보관하고 있는지 확인해 보게 사서한테 연락해 봐야 할 것 같아요.)"라고 얘기하면 자연스레 공통된 화제도 생기고 상대방에 대한 믿음도 쌓이면서 보다 친근감 있는 대화를 할 수 있을 겁니다.

앞으로 외국인들과 대화를 나눌 때 "give & take"를 염두에 두고 대화해 보세요. 여러분이 대화에서 여러분 자신을 보여주는 만큼 상대방도 마음의 문을 열고 보다 편하게 자신의 이야기를 하게 된다는 점, 잊지 마세요!

CHAPTER

2

필수 회화 상황에서 표현의 뉘앙스들

● 쿨한 영어　　● 일상 영어　　● 일상 영어 idiom　　◘ 가장 무난해요　　● 매너 영어

Quickly, please.
빨리 빨리요.

Hurry things [it] **up**.
서둘러 줘요.

I need it **ASAP** (as soon as possible).
가능한 한 빨리 필요해요.

I'm going to need it **very soon**.
가까운 시일 내에 필요해요.

This is **time-sensitive**.
시간이 생명이에요. /
분초를 다투는 일이에요.

We are **out of time**.
시간이 없어요(부족/촉박해요).

Can you **take care of this first [right away]**?
이것 좀 먼저[당장] 처리해 주시겠어요?

Let's speed things up!
일을 서두릅시다!

This [It] is an **urgent** matter.
긴급한 문제(상황)입니다.

...at your earliest convenience.
~를 가급적(최대한) 빨리요.

Could you **prioritize [expedite]** this?
이걸 우선적으로 빨리 처리해 주시겠어요?

I **apologize for the urgency, but**...
죄송하지만 급해서 그러는데요 ~

MP3 **016**

#1. ●●

A   I can't believe you are still working on our group project!
I told you it was **time-sensitive.** We are so **out of time.**

B   I'm sorry I totally forgot. I will get it done **ASAP!**

A   I will help, so let's **speed things up**!

> A   네가 아직도 우리 그룹 프로젝트를 하고 있다니, 정말 믿기지가 않는다! 분초를 다투는
> 일이라고 했잖아. 이제 시간이 너무 부족해.
> B   완전히 깜빡해서 미안해. 최대한 빨리 끝낼게!
> A   내가 도와줄 테니 빨리빨리 서두르자!

#2. ●●

A   I **apologize for the urgency, but** you forgot to put your
signatures in this contract. Could you sign it **at your earliest
convenience**?

B   Oh! I will **take care of it right away.** Thank you for telling me.

> A   죄송하지만 급해서 그러는데요. 이 계약서에 서명을 안 하셨어요. 가능한 한 빨리
> 서명해 주시겠습니까?
> B   그러네요. 바로 처리해 드리겠습니다. 말씀해 주셔서 감사합니다.

단어의 뉘앙스   ●━━━━━

believe
believe: 특정 상황에서 일어난 '사람의 말이나 행동을 믿다'
trust: (지속적인 경험을 통해 만들어진 신뢰를 바탕으로) 그 사람
자체를 믿다, 신뢰하다
believe in: 특정 대상의 가치 또는 존재를 믿다

2 분노/짜증

● 쿨한 영어　● 일상 영어　● 일상 영어 idiom　🄱 가장 무난해요　● 매너 영어

Stop [Quit] bugging me!

귀찮게 좀 하지 매 /
그만 좀 괴롭혀!

What are you so sore about?

뭐가 그렇게 화(짜증)나는데?

Do not **cross** me.

선 넘지 마라. /
(어린이에게)
나 거스르지 마라.

…[am, is, are] **pissed.**

~가 빡쳤어. / 열 받았어.

Why are you so cranky [grouchy]?

왜 이렇게 짜증을 내?

It is so **annoying.**

진짜 짜증 나.

This [It] **drives me crazy.**

이겠[그것] 때문에 짜증 나요 /
이겠[그것] 때문에 미치겠어요.

Don't be **upset [angry].**

속상해하지 마. /
화내지 마.

I'm going to **hit [go through] the ceiling [roof]!**

(지붕·천장이 뚫릴 만큼
화가 나 길길이 날뛰며)
완전 뚜껑 열리네!

Why did you lose your rag?

왜 갑자기 화를 낸 거야?

I am **losing my temper.**

(화나서)
이성을 잃을 것 같아요.

I am mad [angry] at...

~에 화가 나요 .

You seem **disagreeable** today.

오늘 기분이 안 좋아 보이세요.
/ 오늘 불쾌해 보이세요.

This is **enraging [frustrating, infuriating].**

정말 화가 납니다. /
짜증이 납니다.

Why are you so displeased?

왜 그렇게 불쾌해하세요?

Conversation

MP3 **017**

#*1.* ●●

A I am so annoyed with your poor manners every time we go out to eat!

B Well, all of the waiters were **annoying** and they **drove me crazy**.

A What are you so **sore** about?

> A 외식할 때마다 네 버릇없는 행동이 너무 거슬려!
> B 글쎄, 모든 웨이터들이 짜증 나게 해서 날 미치게 만들었다고.
> A 뭐가 그렇게 짜증이 나는데 그래?

#*2.* ●●

A Hey, what's wrong? You seem very **disagreeable** today.

B I am **upset** because my flight has been canceled, but the customer service center is not picking up. This is **frustrating**!

> A 저기, 무슨 일 있어요? 오늘 기분이 많이 안 좋아 보이세요.
> B 비행기가 결항되어 화나는데, 고객 서비스센터도 전화를 안 받네요. 정말 짜증이 납니다!

단어의 뉘앙스

annoy
annoy: (성가시거나 귀찮은 행동으로) 약간 불편하게 하다, 짜증나게 하다
irritate: (지속적으로 어떤 행동을 반복해서) 심하게 짜증나게 하다
disturb: (하는 일에 끼어들어 일을 잘 못하게) 불편하게 하다, 방해하다

99

3 불편/곤란

● 쿨한 영어   ● 일상 영어   ○ 일상 영어 idiom   ◻ 가장 무난해요   ● 매너 영어

You're a **pain in my ass**!

너 완전 골칫덩어리야! /
귀찮은 애야!

What an uncomfortable …!

정말 불편한 ~네요!

Am I **bothering** you?

제가 방해하고 있나요? /
제가 폐 끼치고 있나요?

You are **making things difficult [worse]**.

당신이 일을 어렵게 만들고
있어요.

This is a(n) **tough [awkward]** situation.

곤란핸[어색핸] 상황이네요.

Well, this is **embarrassing**.

이거 참, 난처하네요.

What a **pain in the neck**!

정말 골치 아픈 일이네요! /
뒷목을 부여잡을 일이네요!

I feel like a **fish out of water**.

(물 밖에 나온 물고기처럼
적응하기 힘든) 조금
어색(불편)하네요.

You are **putting** me **on the spot**.

(준비가 안 된 사람을 무대 위로 올리는 것에서 유래하여)
이러시면 제가 곤란해요.

I am **not comfortable** doing…

전 ~하는 게 편하지가
않습니다.

We are sorry for the **inconvenience**.

불편을 끼쳐 드려 죄송합니다.

You are **putting** me **in a difficult position**.

저를 난처하게 만드시네요.

Conversation

#1. ●●

A He is such a **pain in my ass**! I knew he was trouble since the start of this school year.

B I know! He is **making things worse** by denying his actions. He is **putting** the integrity of the school **on the spot**.

> A 걘 정말 골칫거리예요! 이번 학기 시작할 때부터 그 애가 문젯거리라는 건 알았지만요.
> B 그러게 말입니다! 자기가 한 행동을 부인하면서 상황을 더 악화시키고 있어요.
> 학교의 진정성을 위태롭게 만들고 있단 말이죠.

#2. ●●

A We are so sorry for the **inconvenience**, but could you possibly give me a few more days to sort things out?

B Hmm, you are **putting** me **in a difficult position**. Let me talk to my boss before we decide on anything.

A Well, this is **embarrassing**…I thought you were the decision maker.

> A 불편을 끼쳐 드려 정말 죄송합니다만, 며칠만 더 정리할 시간을 주시겠습니까?
> B 흠, 정말 난처하네요. 어찌할지 결정하기 전에 제 상사와 이야기를 나눠 보겠습니다.
> A 이거 참. 당혹스럽네요. 전 그쪽이 결정권자인 줄 알았어요.

단어의 뉘앙스

difficult
difficult: '어려운'을 나타내는 가장 일반적인 단어
demanding/challenging: '큰 부담이 따르는 힘든' 일을 표현
hard/tough/rough: '어렵고 힘든'을 표현하는, 구어체에서 가장 많이 쓰이는 단어들

● 쿨한 영어　　● 일상 영어　　● 일상 영어 idiom　　■ 가장 무난해요　　● 매너 영어

I was **worried sick!**

엄청 걱정했잖아!

I'm worried [afraid] (that)...

～하면 어쩌지?

You don't need to feel so **insecure.**

그렇게 불안해할 필요 없어요.

You seem very **agitated.**

몹시 동요(불안해)하는 것 같아요.

I **can't help [stop] thinking**…

～라는 생각을 떨칠 수가 없어요.

You are such a **nervous Nellie!**

너 완전 겁쟁이구나!

It's been **keeping me awake at night.**

(불안함) 걱정돼서 밤을 지새우고 있어요.

My heart sinks whenever you fall over.

네가 넘어질 때마다 (잘못될까 불안해서) 내 가슴이 철렁 내려앉아.

You are such a **bundle of nerves.**

넌 너무 걱정 덩어리야 (신경과민이야).

I feel **uneasy** about…

～가 마음이 편하지 않아요.

You **had me worried** for a moment.

그쪽 때문에 잠깐 걱정했습니다.

I find it [it is] **unsettling** to…

～하는 것이 불안합니다.

Conversation

MP3 **019**

#1. ●●

A   You had me **worried sick**! I can't believe you took my dog out for a walk without telling me. What were you thinking?!

B   You are such a **bundle of nerves**! Nothing alarming happened.

A   Well, my dog is a **nervous Nellie**. He gets <u>**agitated**</u> by anything outside!

    A   너 때문에 엄청 걱정했잖아! 나한테 말도 없이 내 개를 데리고 산책하러 나가다니. 대체 무슨 생각이었던 거야?!

    B   너도 정말 걱정덩어리다! 걱정스러운 일 안 일어났어.

    A   이거 참. 내 개는 겁쟁이라고. 밖에 있는 모든 것에 동요한단 말이야!

#2. ●●

A   Kelly, do you really have to go? This has been **keeping me awake at night**.

B   Mom, I know you feel **uneasy** about letting me go on this trip alone, but I am all grown-up! You have to stop **worrying** about me some day.

    A   켈리. 너 진짜 가야 하니? 이것 때문에 걱정이 돼서 밤에 한잠도 못자겠다.

    B   엄마. 저 혼자 이번 여행을 보내는 게 마음 편하지 않으신 건 알지만, 저 다 컸어요! 언젠가는 엄마도 제 걱정 그만하셔야죠.

단어의 뉘앙스

agitate
agitate: '동요시키다, 마음을 뒤흔들다, 불안하게 만들다'를 뜻하는 격식체 표현
irk: 역시 격식체 표현으로 '진저리나게 하다'를 뜻하며, 주로 문학 작품에 많이 등장하는 단어
vex: annoy의 격식체 표현으로 '괴롭히다, 화를 돋우다, 짜증나게 하다'
irritate: keep annoying의 의미로 '지속적으로 귀찮게 하거나 짜증나게 하다'

103

5 혼란/당혹

● 쿨한 영어   ● 일상 영어   ● 일상 영어 idiom   ◘ 가장 무난해요   ● 매너 영어

I'm a little **mixed [muddled] up.**

조금 혼란스러워.

What a **head-scratcher!**

당최 알 수가 없어!

Don't try to **bamboozle** me!

나 헷갈리게(속이려) 하지 마!

Why the **perplexed [puzzled]** face?

왜 그런 어리둥절한 얼굴을 하고 있어요?

I am confused [baffled].

혼란(당황)스러워요.

I **don't follow [understand].**

(무슨 말씀인지) 모르겠어요. / 이해가 안 가요.

You've **lost me.**

(명해서) 전혀 이해가 안 가요.

You completely **threw** me **off.**

너 때문에 집중이 깨졌어. / 너 때문에 혼란스러워졌어.

I had **no clue [idea].**

전혀 몰랐어. / 전혀 눈치 못 챘어.

That **flew right over my head.**

(순간적으로) 무슨 일(말)인지 이해를 잘 못했어요. / 제가 뭘 들은 건가요?

I am **not clear on**...

~에 대해 잘 모르겠습니다.

This is such a **dilemma!**

정말 이러지도 못하고 저러지도 못하고 진퇴양난(딜레마)이네요!

#1.

A What's with the **puzzled** face?

B My teacher gave me an assignment, but this is totally a **head-scratcher**!

A Oh my, I had **no clue**.

> A 그 어리둥절한 표정은 뭐야?
> B 선생님이 나한테 과제를 내주셨는데, 뭐가 뭔지 당최 알 수가 없어!
> A 오 그래. 난 전혀 몰랐네.

#2.

A I think I **lost you** there…

B Wow, that **flew right over my head**. I am still **not clear on** why Devon is the one in charge for this project and not you.

A Well, I am **baffled** as well.

> A 말씀하신 그 부분에서 제가 이해를 못한 것 같은데요.
> B 와, 제가 뭘 들은 건가요? 왜 당신이 아니고 데본이 이 프로젝트 책임자인지 아직도 잘 모르겠습니다.
> A 음, 저도 좀 당황스러워요.

단어의 뉘앙스

clear
clear: '분명한, 명확한, 확실한'을 나타내는 가장 일반적인 단어로, 누가 보기에도 의심할 여지가 없을 만큼 분명한 대상을 나타낼 때 쓰는 표현
obvious: (눈에 보이는, 누가 생각해도) 눈에 띄는, 확실한
certain: (의심의 여지없이) 분명한, 확실한
evident: (증거에 의해, 흔적에 의해) 명백한, 분명한

6 긴장/초조/예민

● 쿨한 영어   ● 일상 영어   ● 일상 영어 idiom   ◘ 가장 무난해요   ● 매너 영어

Why are you so edgy today?

오늘 왜 이렇게 예민(까칠)해?

Loosen up.

긴장 풀어.

Sit [Keep] still and **stop fidgeting**.

(초조함) 그만 좀 꼼지락대고 가만히 있어.

You need to **unwind** yourself.

긴장 좀 풀어.

…[am, is, are] **on edge**.

~가 초조해요. / ~가 신경이 곤두서 있어요.

All this **tension** is bad for my health.

이렇게 긴장하면 제 건강에 안 좋은데 말이죠.

Don't be so nervous [anxious].

너무 긴장하지 마세요.

You seem a little **tongue-tied** today.

(긴장해서 꿀 먹은 벙어리처럼) 오늘 말이 좀 없으시네요.

I **have butterflies in my stomach**.

(긴장해서) 가슴이 벌렁벌렁해요.

I was **on pins and needles** while I waited.

기다리는 동안 가시방석에 앉은 것처럼 너무 조마조마(초조)했어요.

Try not to **strain yourself** too much.

너무 긴장하지(스트레스 받지) 않도록 하세요.

There is no need to be so **tense**.

그렇게 긴장하실 필요 없습니다.

Conversation

#1.

A Oh my, what is with you?! Sit still and **stop fidgeting**!

B You don't understand! I was **on pins and needles** all weekend for the results of the interview.

A You gotta **loosen up**. It will be fine.

> A 어머, 너 왜 그래?! 그만 좀 꼼지락대고 가만히 좀 앉아 있어!
> B 넌 이해 못해! 난 면접 결과 때문에 주말 내내 가시방석에 앉은 것처럼 조마조마했다고.
> A 긴장 좀 풀어라. 잘될 거야.

#2.

A I have never seen you so **tongue-tied** like today. What is with the quietness?

B I know there is no need to be so **tense**, but I am just too **nervous** for my midterm tests.

> A 오늘처럼 말 없는 건 처음 봐요. 왜 이렇게 조용해요?
> B 이렇게 긴장할 필요가 없다는 건 아는데, 중간고사 때문에 너무 긴장되네요.

midterm (학기·임기 등의) 중간의

7 실망

What a **bummer [pity]**!

이런, 실망인걸! /
참 안됐네!

What a **shame**!

그거 참 안타깝다!

I'm so **bummed**.

너무 아쉽네[속상하네].

That's **too bad**.

그것 참 안됐다. /
(그렇다니) 유감이다.

Well, that was **unexpected**.

음, 예상 밖이었어요.

It is such a **let-down**.

참 실망스럽네요.

You **let me down**.

넌 날 실망시켰어.

It was a **damp squib**.

김(맥) 빠지는 일이었어. /
(계획이) 완전 망했어.

How disappointing!

정말 실망스럽네요!

I was **disheartened** by the news.

그 소식 듣고 낙담했어요.

It did **not live up to the expectation**.

기대에 부응하지 못했습니다.

I **had high hopes** for…

~에 큰 기대를 했었어요.

I was really **looking forward to**…

~하기를 정말 기대했는데 말이죠.

Conversation

#1.

A The event I told you about was a **damp squib**. It feels like I was scammed!

B Oh no, what **a shame**! That was **unexpected** though.

> A 내가 너에게 말했던 행사 있지? 완전 망한 행사였어. 꼭 내가 사기를 당한 것 같더라니깐!
>
> B 오 이런, 정말 안타깝네! 그런데 좀 예상 밖이긴 했어.

#2.

A Darn. I was really **looking forward to** going to the graduation dance party.

B Me, too! What a **let-down**. It's **too bad** the Dance Committee did **not live up to the expectation**.

> A 뭐야, 진짜. 졸업 댄스 파티 가는 거 정말 기대하고 있었는데 말이죠.
>
> B 저도요! 정말 실망스러워요. 댄스 행사 위원회가 기대에 부응하지 못해서 유감이에요.

단어의 뉘앙스

look forward to
look forward to: (앞으로 일어날 일에 긍정적인 마음으로) 기대하다, 고대하다
expect: '기대하다'를 뜻하는 가장 일반적인 단어로 계획된 일이 일어날 것이라고 예상할 때 쓰는 표현
anticipate: (어떠한 일이 일어날 것이라고 그에 대한 대비를 하며) 기대하다, 예상하다
hope for: (좋은 일이 일어나기를) 기대하다, 바라다, 희망하다
count on: (상대방의 행동에 대해 확실하게) 기대하다, 믿다, 확신하다

8 미안함

● 쿨한 영어   ● 일상 영어   ● 일상 영어 idiom   ◻ 가장 무난해요   ● 매너 영어

Oops [Whoops].

(실수해서 미안함을 시인)
이크. / 에구머니.

My bad.

내 잘못이야. / 내 실수야.

I apologize for...

~에 사과드려요.

Please take this token of my apology.

제 사과의 표시를 받아주세요.

I'm sorry (about that).

(그거에 대해서) 내가 미안해.

That was on me.

그건 제 탓이에요. /
제가 그런 거예요.

I feel so terrible [horrible] that...

~해서 마음이 너무 아프네요.

I take full responsibility.

전적으로 제 책임입니다.

My apologies.

사과드립니다.

Pardon [Pardon me, I beg your pardon].

죄송합니다.

Deepest [Sincere] apologies for...

~에 깊은[진심 어린] 사과의 말씀을 드립니다.

Conversation

MP3 023

#1.

A **Oops**! **My bad**!

B No, you don't need to be **sorry**. It **was on me**.

  A 이크! 내 잘못이야!
  B 아니야, 미안해할 필요 없어. 내 탓인데 뭘.

#2.

A I **feel so terrible** about how our business meeting turned out.

B No, no. I **take full responsibility**, because I forgot to bring printouts.

  A 저희 비즈니스 미팅이 이렇게 돼서 정말 유감스럽습니다.
  B 아닙니다. 전적으로 제 책임이죠. 제가 인쇄물 가져오는 것을 잊었으니까요.

단어의 뉘앙스

responsibility
responsibility: 주어진 일을 잘 수행해야 할 '의무, 책임'을 뜻하는 가장 일반적인 단어
duty: (도덕적으로 혹은 직무상 당연히 해야 할) 의무
obligation: (법, 약속 등을 통해서 강제적으로 지켜야 할 개인적인) 의무
liability: (법적인) 책임
commitment: (약속한 일에 대한) 책임, 책임감

9 용서

● 쿨한 영어　● 일상 영어　● 일상 영어 idiom　❑ 가장 무난해요　● 매너 영어

I will let...off the hook.

~는 용서할게(봐줄게).

I'll let it slide.

(큰 탈 없이)
한번 넘어가 줄게.

Forget (about) it.

(괜찮으니) 잊어버려요.

I will give you another chance.

기회를 한 번 더 드리죠.

Don't worry about it.

(괜찮으니) 걱정하지 마세요.

I'll let you off this time.

이번에는 봐줄게요.

I accept your apology.

사과 받아들이겠습니다.

I forgive you.

용서해 줄게요

Let's bury the hatchet.

(무기/악의를 거두고)
이제 그만 화해하죠.

Let's kiss and make up.

(용서할 테니)
다시 친구합시다.

I'll turn the other cheek.

(애써 참으며)
그냥 넘어갈게요.

Let bygones be bygones.

지난 일은 잊기로 해요.

Think no more of it. / **Think** of[on] it no **more.**

더 이상 걱정하지 마세요.

I won't hold it against you.

앙심 안 품습니다.

Please **pardon** me.

(실수를) 용서하십시오.

CHAPTER 2

#1.

A You haven't given me an apology yet.

B I'm so sorry. Why don't we just **let bygones be bygones**?

A I will **let** you **off the hook** this time. But there won't be another chance.

> A 너 아직 나한테 사과 안 했다.
>
> B 정말 미안해. 우리 지난 일은 잊는 게 어때?
>
> A 이번에는 봐줄게. 하지만 다음 기회는 없어.

#2.

A If you have something to say, just say it. I **won't hold it against** you.

B Please **pardon** my son's behavior.

A **Don't worry** about it.

> A 하실 말씀이 있으면 그냥 하세요. 앙심 품지 않을게요.
>
> B 제 아들의 행동을 부디 용서해 주십시오.
>
> A 괜찮으니 걱정하지 마세요.

단어의 뉘앙스

behavior
behavior: (대인관계에서 보이는) 행동, 행실, 행동거지
action: 어떠한 과정이 진행되는 데 있어서 행하는 '행동, 행위'를 뜻하는 가장 일반적인 단어
conduct: (특정한 장소나 상황에서의) 행동 방식, 처신, 행동하다, 처신하다
performance: 공연, 수행(력), 실적
deed: (옳고 그름에 관련된) 행동, 품행

● 쿨한 영어　● 일상 영어　○ 일상 영어 idiom　◘ 가장 무난해요　● 매너 영어

Shame on you!

부끄러운 줄 알아!

Have you no **shame**?

넌 부끄러운 줄도 모르니?

That was such a **toe-curling** moment.

(창피해서) 정말 손발이 오그라드는 순간이었어.

You should be **ashamed** of yourself.

창피한 줄 아세요.

That **was rather awkward [embarrassing]**.

상당히 민망스럽네요.

It is **humiliating** to [that]…

~는 부끄러운(망신스러운) 일입니다.

Don't do anything to **lose your face**.

체면 구기는 짓은 하지 마라.

I am embarrassed for you.

네 부끄럼은 내 몫이구나. / 너 때문에 내가 다 부끄러워.

It is such a **disgrace** to [that]…

~는 정말 망신스러운 (수치스러운, 불명예스러운) 일입니다.

I am too **mortified** that…

~가 너무 수치스럽습니다(부끄럽습니다).

Conversation

#1. ●●

A Did I tell you about the horrible joke Jake made yesterday? It was such a **toe-curling** moment.

B I heard from Mike! I am so **embarrassed** for him.

> A 어제 제이크가 했던 끔찍한 농담에 대해 너한테 말해 줬었나? 정말 손발이 오그라드는 순간이었어.
>
> B 마이크한테서 들었어! 걔 때문에 아주 내가 다 부끄러워.

#2. ●●

A Please don't do anything to **lose your face** at this school.

I was **mortified** enough that you got <u>expelled</u> from your previous school.

B I know you are **ashamed** of me. You don't have to say it twice.

> A 제발 이 학교에서는 체면 구기는 짓 좀 하지 마라. 네가 이전 학교에서 퇴학당했다는 것으로도 난 충분히 수치스러웠으니까.
>
> B 절 부끄러워하신다는 거 잘 알아요. 두 번 말씀하실 필요 없어요.

단어의 뉘앙스

expel
expel: (학교 또는 국가에서) 퇴학시키다, 추방하다
release: '내보내다, 풀어주다, (느낌이나 입장을) 표출하다'를 뜻하는 가장 일반적인 단어
liberate: (속박, 억압으로부터) 해방시키다
discharge: (장소나 직무에서) 해고하다, 석방하다, 퇴원시키다
emancipate: (법적, 정치적, 사회적 제약으로부터) 해방시키다
dismiss: (직장에서) 해고하다

I'll be **damned**!

(경악) 젠쟁! / 아니 대박! / 무슨 이런 일이 다 있어!

You don't say!

(설마) 그럴 리개! / 그럴 줄 알았다!

Get outta here! / Get out!

어머 대박! 진짜?! / 말도 안 돼!

I was caught by surprise.

(허를 찔리듯) 깜짝 놀랐잖아.

I had no idea!

이럴 줄이야! / 상상도 못했어!

I don't believe it!

(놀라서) 믿기지가 않아!

You **would not believe**…

~라는 걸 믿을 수 없을걸요.

That was **mind-blowing**!

진짜 대박이었어!

I **can't get over** it.

(충격·흥분으로 인해) 극복할 수 없을 것 같아요. / 아직도 믿을 수가 없어요.

It **dropped like a bomb**.

난데없이 나타났어요. / 마른 하늘에 날벼락이었어요.

That was **out of the blue [nowhere]**.

(당황) 너무 뜬금없었어요.

I was **struck dumb**.

(놀라서) 저는 말문이 막혔어요.

Now I have **seen everything [it all]**.

살다 보니 별일이 다 있네요. / 살다 보니 별걸 다 보게 되네요.

Who would have thought …?

~일지 누가 알았겠어요?

Conversation

#1.

A   I'll be **damned**!

B   What's wrong?

A   This is **mind-blowing**! You **won't believe** this. I was tracking my package, and it was delivered to Antarctica!

B   **Get outta here!**

> A   무슨 이런 일이 다 있냐!
> B   뭐 잘못된 거 있어?
> A   이건 진짜 대박! 너도 믿기지 않을걸. 내 소포를 추적했는데, 남극으로 배송되었대!
> B   말도 안 돼!

#2.

A   I can't believe Steve proposed to Jen **out of the blue** like

that! Everyone was **caught by surprise**.

B   **Who would have thought** that he would propose after three dates?

A   Well, I **can't get over** the fact that they are going to get married in two weeks.

> A   스티브가 갑자기 젠에게 그렇게 뜬금없이 청혼하다니 믿을 수가 없어요! 모두가 깜짝 놀랐어요.
> B   그가 세 번의 데이트 후에 청혼할 줄 누가 알았겠어요?
> A   전 2주 후에 그들이 결혼할 거라는 사실이 믿기지가 않네요.

단어의 뉘앙스

surprise
surprise: (갑작스럽게 예상 밖의 일로) '놀래키다'를 뜻하는 가장 일반적인 단어
shock: (대개 안 좋은 충격적인 일로) 놀라게 하다, 충격을 주다
startle: (살짝 충격적이고 불안할 정도로) 놀라게 하다
astonish/amaze: 대단히 놀라게 하다
stun: (할 말을 잃거나 어쩔 줄 모를 정도로) 깜짝 놀라게 하다, 망연자실하게 만들다

12 다행/안심

● 쿨한 영어　● 일상 영어　○ 일상 영어 idiom　◘ 가장 무난해요　● 매너 영어

Phew! / Whew!
휘!

Thank God [heavens, goodness]!
(기쁨과 안도) 다행이다! / 기쁘다!

It's a good thing …
~해서 다행이에요.

I can go to bed with an easy mind.
맘 편히 잠자리에 들 수 있겠어요.

I'm glad to hear that [it].
듣던 중 반가운 소리네요.

That's great news!
좋은 소식이네요!

That's a weight [load] off my shoulders [mind].
이제 걱정 안 해도 되겠다. / 한시름 놓아도 되겠다.

What a relief!
(걱정했는데) 다행이다!

I feel relieved!
마음이 놓여요!

How fortunate!
정말 다행스러운 일입니다!

That has put my mind at ease [rest].
이제 마음이 놓여요 [편해졌어요].

Conversation

#1.

A My mom said she can babysit for us this weekend.

B **Phew**! How thankful! That's a **weight off our shoulders**.

A I know, what **a relief**!

> A 엄마가 이번 주말에 아이를 봐줄 수 있다고 하셨어.
> B 휴! 정말 감사하네! 한시름 놓아도 되겠다.
> A 그러게, 정말 다행이야!

#2.

A I finally got my acceptance letter yesterday.

B That's **great news**! I'm happy for you.

A Thank you. I can put my **mind at ease** now.

> A 어제 드디어 합격 통지서 받았어요.
> B 정말 좋은 소식이네요! 잘됐어요.
> A 감사합니다. 이제 마음 놓을 수 있겠어요.

단어의 뉘앙스

great
great: 매우 좋거나 긍정적인 감정을 표현하는 '엄청난, 굉장한, 아주 훌륭한'을 뜻하는 가장 일반적인 단어
amazing: (감탄이 나오고 놀랄 정도로) 굉장한
fabulous: (기가 막힐 정도로) 굉장한
awesome/brilliant: 어마어마한, 아주 훌륭한
superb: 최고의, 최상의

13 진정/휴식

● 쿨한 영어   ● 일상 영어   ● 일상 영어 idiom   ◻ 가장 무난해요   ● 매너 영어

I can see the **bags under your eyes**.

너 다크서클 보인다.

Kill the motor, please.

제발 좀 가만히 있어. / 제발 진정해.

Chill out!

긴장 풀어! / 진정해!

Let's **take five!**

5분만 쉬죠! / 5분만 쉬었다 하죠!

I need some **me time**.

나 혼자만의 시간이 필요해.

She needs a **time out** from her children.

그녀는 육아로부터 휴식이 필요해요.

Please **sit back and relax** for this performance.

이 공연을 보실 수 있게 앉아서 편히 계세요.

Let's all **take a break**.

우리 모두 좀 쉬자.

You should **take it easy**.

쉬엄쉬엄 하세요.

I need time to **recharge my batteries**.

에너지를 재충전할 시간이 필요해요.

Let your hair down once in a while.

가끔은 머리도 식혀야죠.

You need to **take a breather**.

잠깐 휴식을 취해야 해요.

You look like you can **use a break**.

휴식이 필요한 것 같아 보여요.

Just **take your mind off of** it.

(너무 신경쓰지 마시고) 잠시 잊으세요.

You need to settle [calm] down.

진정하세요.

#1.

A   What is going on? The **bags under your eyes** look darker than yesterday.

B   My husband is on his business trip, so I'm all alone with the baby. I really need some **me time**.

> A   무슨 일이야? 다크서클이 어제보다 더 진해 보여.
> B   남편이 출장 가서 나 혼자 애기 보고 있거든. 진짜 나 혼자만의 시간이 필요해.

#2.

A   Wow, you look like you can **use a break**.

B   I know. I've been so busy with my graduation exhibition.

A   You really need to **take it easy** or you are going to break down.

> A   세상에, 휴식이 필요해 보이세요.
> B   그러게요. 졸업 전시회 때문에 너무 바빴거든요.
> A   쉬엄쉬엄 하지 않으면 몸이 망가질 거예요.

단어의 뉘앙스

trip

trip: 보통 기간이 짧고 목적지를 정하고 갔다가 다시 돌아오는 여행
travel: 기간이 길고 먼 지역으로 떠나는 여행
tour: 관광을 목적으로 여러 도시나 국가 등을 방문하는 여행, 순회 행사
journey: 여행 중의 과정을 강조하는 의미의 여행

14 지겨움

● 쿨한 영어   ● 일상 영어   ● 일상 영어 idiom   🅾 가장 무난해요   ● 매너 영어

What a **drag**!
어우, 지겨워! /
어우, 재미없어!

I am **sick (and tired) of**...
~에 진절머리가 난다. /
~가 지겹다 지겨워.

I am so **fed up with**...
~가 정말 질린다(지겹다, 넌더리가 난다).

It was another **dreary** day at school.
학교에서 또 다른 지루한 하루였어요.

I'm getting a little tired [weary] of...
~가 살짝 지겨워지고 있어요.

I've **had enough**.
참을 만큼 참았어요.

Things are getting **tedious [tiresome]**.
상황이 점점 지루해지고 있어요.

Conversation

#1.

A　That movie was a **drag**! Everyone dies at the end.

B　To be honest, I'm **getting tired of** your rude spoilers.

> A　어우, 저 영화 너무 재미없었어! 영화 끝날 때쯤 모두 죽더라고.
> B　솔직히 말해서 난 너의 그 무례한 스포일러들에 진절머리가 난다.

#2.

A　I've **had enough** of this nonsense. Clean up your room now!

B　But I don't feel like doing anything after my **dreary** day at school.

> A　이런 말도 안 되는 일을 참을 만큼 참았다. 당장 네 방 청소하렴!
> B　하지만 학교에서 지루한 하루를 보낸 후에는 아무것도 하고 싶지 않다고요.

단어의 뉘앙스

rude
rude: '무례한, 건방진, 버릇없는(= impolite)'을 뜻하는 가장 일반적인 단어
ill-mannered/impudent/impolite: rude보다 격식 있는 표현으로 '무례한, 버릇없는, 예의 없는'
arrogant/haughty: 격식체로 '오만한, 거만한'
insolent: 격식체로 '버릇없는, 무례한'을 뜻하며, 주로 어른이 아이의 행동을 지적할 때 씀

15 조심/신중

● 쿨한 영어　● 일상 영어　● 일상 영어 idiom　◻ 가장 무난해요　● 매너 영어

Watch out!
조심해!

Think twice about what you are about to do.
지금 하려는 일에 대해 다시 한번 생각해 보세요.

Pay close attention to the details.
세부 사항에 세심히 주의를 기울이세요.

Please wipe the vase with care.
조심해서 꽃병을 닦아 주세요.

Beware of that big dog.
저 큰 개를 조심하세요.

Take care!
몸조심해요! / (헤어질 때) 안녕!

I was very cautious about speaking my mind.
제 생각을 말하는 것에 매우 조심스러웠습니다.

Be careful!
조심해(요)!

Always remember to keep a guard on your tongue.
항상 말에 주의하는 것 잊지 마세요.

Remember to keep [have] your ear to the ground.
잊지 말고 주변에서 일어나는 상황에 주의를 기울이도록 해요.

It's better (to be) safe than sorry.
나중에 후회하는 것보다 미리 조심하는 편이 나아요.

Always be discreet about your love life.
연애에 관해선 항상 신중하세요.

One has to be attentive when taking care of a baby.
아기를 돌볼 때는 세심한 주의를 기울여야 합니다.

Conversation

#1. ●

A You need to **beware of** the huge guard dog at that house in the corner.

B It's okay, there is a fence.

A I know, but it's **better to be safe than sorry**.

> A 저 모퉁이 집에 있는 엄청 큰 경비견을 조심해야 해.
> B 괜찮아, 울타리가 있는데 뭐.
> A 알아, 그래도 후회하는 것보다는 미리 조심하는 게 낫지.

#2. ●●

A Please remember to **keep a guard on your tongue** at work.

B There is no need to worry. I am always **discreet** about what goes on at the workplace.

> A 회사에서는 항상 말을 주의해야 하는 걸 기억하세요.
> B 걱정하지 않으셔도 돼요. 직장에서 일어나는 일에 대해서 전 언제나 신중하니까요.

guard dog 경비견, 방범견

16 응원/격려

● 쿨한 영어　　● 일상 영어　　● 일상 영어 idiom　　🔲 가장 무난해요　　● 매너 영어

Cheer [Chin] up!

기운 내! / 파이팅!

Come [Right] on!

가즈아! / 잘한다!

Hang (tight) in there.

(참고) 힘내서 견뎌 보자. / 버텨 보자.

You got this!

넌 할 수 있어!

Stay strong.

힘내요. / 버텨 내세요.

It's not so [too] bad.

그렇게 나쁘지 않아요.

Good luck (to you)!

행운을 빕니다!

You can do it [this]!

넌 할(해낼) 수 있어!

Everything will be okay.

다 괜찮을 거예요.

Give it your best (shot).

최선을 다해서 해 봐요.

Keep your chin up!

용기를 잃지 마요! / 기운 내요!

Break a leg!

행운을 빌어!

It's not the end of the world.

세상이 끝난 건 아니에요.

Let's look on the bright side.

긍정적으로 생각하기로 해요.

It won't hurt to try.

(격려) 해 봐도 손해 나는 건 없어요.

Let's keep our fingers crossed.

좋은 결과(행운)를 빌어봅시다. / 잘되기를 기대해 봅시다.

Conversation

#*1.*

A I can't believe she turned down my proposal in public like that.

B **Stay strong**! It's **not the end of the world**.

A Yeah, I will try to **look on the bright side**.

> A 그녀가 내 청혼을 그런 식으로 사람들 앞에서 거절하다니 믿을 수가 없어.
> B 힘내! 세상이 끝난 건 아니잖아.
> A 그렇지. 긍정적으로 생각해야지 뭐.

#*2.*

A You **can do this**, Sarah! You will do great in that interview.

B I can't stop shaking! Whew. Let's **keep our fingers crossed**.

> A 넌 할 수 있어, 사라! 그 면접, 잘 볼 거야.
> B 떨림이 멈추지 않아요! 휴. 행운이 있기를 빌어보죠.

turn down ~를 거절하다

I owe you big time.

내가 큰 신세를 졌네.

Can you back me up?

내 편 좀 들어줄 수 있어?

I will pay you back for sure.

꼭 갚을게.

What can I do in return?

대가로 무엇을 할 수 있을까요? / 보답으로 무얼 해 드리면 될까요?

Can [Could] you do me a favor?

부탁 좀 들어주실 수 있나요?

I need your help [aid, assist] on something.

뭐 좀 도움을 주셨으면 합니다.

I beg of you!

부탁드려요!

Do [Would] you mind…?

~해 주시면 안 될까요?

Do you require any further assistance?

다른 도움이 필요하신가요?

Please, I implore [beseech] you.

제발요, 이렇게 부탁드려요.

Could [Can] you give [lend] me a hand?

저 좀 도와주시겠어요?

Conversation

MP3 032

#1.

A Oh no, I forgot to bring my wallet today. **Do you mind**

lending me $50?

B Sure. Here you go.

A Thank you! I **owe** you **big time**.

> A 이런, 오늘 깜빡하고 지갑을 안 가져왔네. 50달러만 빌려주지 않을래?
> B 그래. 여기 있어.
> A 고마워! 큰 신세를 졌네.

#2.

A I am indebted to you. What can I **do in return**?

B Are you sure? You could **give** me **a hand** on the new project launching next year.

> A 신세 많이 졌습니다. 보답으로 제가 무얼 해 드리면 될까요?
> B 정말이세요? 내년에 시작하는 새 프로젝트에 도움을 주셨으면 합니다.

단어의 뉘앙스

lend
lend: 돌려받기로 하고 상대방에게 '빌려주다'를 뜻하는 가장 일반적인 단어
rent out: (사용료를 받고 단기간) 빌려주다 → 임대해 주다
loan: 돈을 빌려주다, 대출하다
lease: 부동산 또는 자동차를 정식 계약하고 (대개 장기간으로) 임대해 주다

129

18 기쁨

● 쿨한 영어   ● 일상 영어   ○ 일상 영어 idiom   ☑ 가장 무난해요   ● 매너 영어

He was **like a dog with two tails**.

그는 (꼬리 두 개 달린 개처럼) 몹시 기뻐했어.

I jumped up and down with joy.

저는 좋아서(기뻐서) 팔짝팔짝 뛰었어요.

I can see that **grin from ear to ear**!

입이 귀에 걸린 게 보여요!

I'm glad [happy] for you.

(상대방의 좋은 소식을 듣고 기뻐서) 잘됐네요. / 제가 다 기쁘네요.

You **made my day**.

덕분에 즐거운 하루가 되었어요.

I've been **on top of the world [on cloud nine]** since yesterday.

난 어제부터 (붕 떠서) 기분이 아주 좋아.

She is **over the moon** with great news.

그녀는 좋은 소식을 듣고 황홀해서 하늘을 둥둥 떠다니는 기분이에요.

What a **pleasure** to finally meet you!

마침내 만나 뵙게 되어 정말 기쁩니다!

What a **delightful** surprise!

(깜짝 놀라) 정말 기분 좋은 소식이네요!

I can clearly see that you **take delight** in eating snacks.

당신이 간식 먹는 것을 즐기는 것을 단번에 알 수 있어요.

I am **overjoyed** with tears.

너무 기뻐서 눈물이 다 나네요.

Conversation

#1.

A Wow, you **made my day**! Congratulations on your pregnancy.

B I know! I would **jump up and down** if I could.

> A 와, 덕분에 즐거운 하루가 되었네! 임신 축하해.
> B 그러게! 할 수만 있다면 펄쩍펄쩍 뛸 텐데.

#2.

A Congratulations on your engagement! I am so **glad** for you.

B Thank you!! I've been **over the moon** all week.

A I'm sure you were. I can see that **grin from ear to ear** from across the street. What a **delightful** surprise!

> A 약혼 축하합니다! 너무 잘 됐네요.
> B 고맙습니다!! 저는 일주일 내내 하늘을 둥둥 떠다니는 기분이에요.
> A 그랬을 것 같아요. 길 건너편에서도 입이 귀에 걸린 게 보이네요. 정말 좋은 소식이네요!

Congratulations on ~를 축하해(요)

19 슬픔/우울함

● 쿨한 영어　● 일상 영어　● 일상 영어 idiom　■ 가장 무난해요　● 매너 영어

He is **down in the dumps**.

그는 의기소침해 있어요. /
그는 우울한 상태예요.

You **look a bit down**.

너 조금 슬퍼(처져) 보여.

I'm **out of sorts**.

기분이 별로 좋지 않아요.

What are you sad about?

무엇 때문에 슬프세요?

I had **lumps in my throat** watching that movie.

그 영화를 보면서 (슬퍼서) 목이 메었어요.

I'm **feeling blue** today. / I **have the blues** today.

오늘은 좀 우울해요.

Why are you so **down in the mouth**?

왜 그렇게 입꼬리가 처져 있어?

She has been **under the weather**.

그녀는 계속 몸(컨디션)이 썩 좋지 않아요.

This is very **discouraging [depressing]**!

(암울) 이거 정말 낙담스러운걸!

I am speaking to you **with a heavy heart**.

무거운(비통한) 마음(심정)으로 말씀드립니다.

#1. ●

A   You **look a bit down** today. What's wrong?

B   I watched a sad movie and I had **lumps in my throat** the entire time.

> A   오늘 좀 처져 보이는데, 무슨 일 있어?
> B   슬픈 영화를 봤는데, 영화 보는 내내 목이 메었어.

#2. ●●

A   You have to understand that I am speaking to you **with a heavy heart**.

B   I know, but the situation is very **discouraging**.

A   Yes, but there is no need to **feel blue** all day.

> A   제가 무거운 마음으로 말씀드리고 있다는 점, 이해해 주셔야 합니다.
> B   압니다. 하지만 상황이 매우 낙담스럽네요.
> A   네, 하지만 하루 종일 우울해하실 필요는 없어요.

단어의 뉘앙스

blue
blue: 우울한
depressed: (낙담하거나 희망을 잃어 기분이) 우울한, 활기를 잃은
gloomy: (상황이 절망적이라서) 슬픈, 우울한
melancholy: (이유 없이 오랫동안 지속되는) 구슬픈, 우울한

20 후회

● 쿨한 영어 　● 일상 영어 　● 일상 영어 idiom 　◘ 가장 무난해요 　● 매너 영어

Damn [Darn] it!
이런! / 젠장!

It's **too late (for regret)**.
(후회하기에는) 이미 너무 늦었어.

I wish I had (never)…
~를 할걸(하지 말걸) 그랬어요.

If only I…
내가 ~라면 좋을 텐데.

I blame myself for this.
이건 제 탓이에요.

That [It] was a bad [horrible] idea.
(결과에 후회하며) 그것은 좋지 않은 생각이었어요.

I am **kicking myself** for…
~해서 자책 중입니다.

I have regrets.
후회돼요.

I should have [shouldn't have]…
제가 ~했어야[하지 말았어야] 했어요.

It seems like you feel no **remorse**.
당신은 조금도 후회하지 않는 것 같네요.

Conversation

#1.

A **Darn it!** I knew **it was a bad idea**.

B Well, it's **too late for regrets**.

A Yeah… I am **kicking myself** for my actions.

> A 젠장! 그게 나쁜 생각인 줄 난 알고 있었어.
>
> B 음, 후회하기엔 이미 너무 늦었어.
>
> A 그래. 그래서 내 행동에 대해 자책하는 중이야.

#2.

A **If only** I was there with him…

B It's not your fault. I **blame myself** for this. I **shouldn't have asked** Peter to get me a soda.

> A 내가 그와 함께 있으면 좋을 텐데.
>
> B 당신 잘못이 아니에요. 이건 제 탓이죠. 피터에게 음료수 갖다 달라고 하지 말았어야 했어요. (B가 파티에서 그에게 음료수를 갖다 달라고 해서 상대방이 그와 함께 있을 수 없었음)

fault 과실, 잘못

135

● 쿨한 영어   ● 일상 영어   ● 일상 영어 idiom   ◘ 가장 무난해요   ● 매너 영어

I'll **think about**
it [**think** it **over**].

생각해 볼게.

I'll **get back** to
you.

(숙고해 보고) 다시 연락할게요.

We **might
consider** it.

고려해 볼 수도 있어요.

I'll **let you know.**

(생각 정리하고서) 제가
말씀드릴게요.

We will **bear
[have, keep] in
mind.**

(말씀하신 사항) 유념하겠습니다.

I will **carefully
think** it [this]
over with the
whole team.

팀원들과 같이 곰곰이
생각해 보겠습니다.

It is under consideration.

검토 중입니다.

It will most
definitely **be
taken under
advisement.**

확실히 숙고하겠습니다.

I will **take it
into account
[consideration].**

고려해 보겠습니다.

We shall **reflect
upon** your offer.

제안해 주신 사항, 고려해
보겠습니다.

It will be worth
**contemplating
over.**

곰곰이 생각해 볼 가치가
있을 거예요.

#1.

A Did you **think about** my proposal?

B It is definitely **under consideration**. I'll **get back** to you after I get things straight.

> A 내 제안에 대해 생각해 봤어?
>
> B 확실히 고려 중이야. 정리한 후에 다시 연락할게.

#2.

A That meeting went pretty well. We have a lot of data to **reflect upon** before we decide.

B That's true. There is a lot to **contemplate over**, but **keep in mind** that our deadline is in two days.

> A 회의는 꽤 잘 끝났어요. 결정하기 전에 검토해야 할 데이터가 많습니다.
>
> B 맞습니다. 심사숙고할 것이 많지요. 하지만 마감일이 이틀 뒤라는 점 유념해 주세요.

단어의 뉘앙스

pretty
pretty: 약한 의미의 '매우'로 쓰여 '제법, 꽤, 어느 정도는'의 뉘앙스가 있는 단어
really/so/quite/rather: pretty보다 강한 어조로 '아주', '정말로', '상당히'의 의미
extremely/tremendously: '엄청나게, 극도로 어마어마하게'의 뜻으로, 거의 불가능할 정도로 대단한 것을 표현

● 쿨한 영어　● 일상 영어　● 일상 영어 idiom　🅞 가장 무난해요　● 매너 영어

Tell me about it!
그러게 말이야!

I agree with you.
하신 말씀에 동의해요.

Exactly.
(강한 동의) 그렇고 말고.

Yes, of course.
네, 그럼요.

That's fair enough.
(생각·제안이) 그 정도면 괜찮네.

That's (so) true. / That's for sure.
맞아요. / 그건 확실해요.

I suppose [guess] so.
(약한 동의) 그런 것 같네요.

That's (exactly) what I am saying!
제 말이 바로 그 말입니다!

No doubt about it.
의심할 여지가 없지요.

I agree with you 100 percent [completely].
당신 의견에 100% 동의합니다.

Absolutely.
(강한 동의) 그렇고 말고요.

I see it that way, too.
저도 그렇게 생각합니다.

I'm with…on this one.
이번 건은 ~와 같은 의견입니다.

Conversation

#1.

A I'm sure Blake is the one taking all my snacks. There is **no doubt** about it.

B **Tell me about it**, my stuff is missing too!

> A 블레이크가 내 간식 다 가져간 게 확실해. 의심할 여지가 없어.
> B 그러게 말이야. 내 물건도 없어졌어!

#2.

A I'm sorry to tell you that I **am with** Jane **on** this one.

B Hmm…I **suppose so**.

A But I do **agree with you 100 percent** on the opinion that there needs to be a rule.

> A 죄송하지만, 전 이번 건은 제인과 같은 의견이에요.
> B 음, 그런 것 같네요.
> A 하지만 규칙이 있어야 한다는 당신 의견에는 100% 동의합니다.

● 쿨한 영어　● 일상 영어　● 일상 영어 idiom　🔲 가장 무난해요　● 매너 영어

Okay, let's **go for it [roll with it]**.

(한번 해 보는 것에 동의해) 좋아요, 해[시작해] 보죠.

That **sounds reasonable**.

(동의의 뜻을 담아)
그럴 듯하네요. /
타당하게 들리네요.

You **have [make] a great [good] point** there.

당신 말이 일리가 있어요. /
좋은 지적이에요.

I **agree with you up to a point**.

(부분적 동의) 어느 정도는
당신 말에 동의해요.

I have **no objection** whatsoever.

저는 전혀 이의 없습니다.

You and I **see eye to eye**.

당신과 제가 의견이
일치하는군요.

Good to know we are **on the same page**.

같은 생각(의견)이라니 좋네요.
/ 서로 이해해서 다행이에요.

I share your opinion [view].

당신 의견에 동의해요.

We **concur (with)**...

저희는 ~에 동의합니다.

I'm afraid **I agree (with)**...

유감이지만 ~에 동의합니다.

I **couldn't agree with you more**.

전적으로 동감입니다.

We are **in favor of**...

저희는 ~에 찬성합니다.

MP3 038

#1.

A Are we **on the same page** with the business proposal?

B Yes, I have **no objection** whatsoever.

C Me, too. The conditions **sound reasonable**.

A Okay. Then **let's go for it**.

A 사업 제안과 관련해서 우리 모두 같은 의견인 건가요?
B 네, 저는 전혀 이의 없습니다.
C 저도요. 조건들이 합리적인 듯합니다.
A 알겠습니다. 그럼 이렇게 해 보죠.

#2.

A You **made a great point**. But I**'m afraid I agree with** the department head.

B I **couldn't agree with you more**. He has a wider view.

A 좋은 지적입니다. 그런데 저는 부장님 의견에 동의하는 바예요.
B 당신 말에 확실히 동의합니다. (내 언급보다는 부장님의 의견이 전적으로 맞다고 어필) 부장님은 매사를 더 넓은 시각으로 바라보시니까요.

단어의 뉘앙스

same
same: 비교 대상이 다르지 않고 '동일한, 같은'을 의미하는 가장 일반적인 단어
equal: (수, 양, 가치가) 동일한, 평등한
identical: (별개의 것들이 정확하게) 동일한, 똑같은
equivalent: (품질, 양, 가치, 목적 등이 거의 엇비슷하게) 같은, 상응하는

24 비동의/반대(일상) 상황에 따라 일상 & 비즈니스 둘 다 사용 가능

● 쿨한 영어   ● 일상 영어   ● 일상 영어 idiom   ◘ 가장 무난해요   ● 매너 영어

(There is) No way.

(강한 반대) 절대로 그럴 리가 없어. / 설마.

It sucks [stinks]!

완전 별로야!

I don't think so.

난 그렇게 생각하지 않아. / 아니야, 그럴 리가. / 절대 안 돼.

I'm sorry but…

미안하지만, ~

Not necessarily.

(약한 반대) 꼭 그렇지는 않아.

I am dead set against the idea of…

전 ~에 대한 생각에 단호히 반대합니다.

I (totally) disagree.

저는 (절대) 동의하지 않습니다.

Absolutely not.

(강한 반대) 절대로 그렇지 않아요.

That is **out of the question.**

(논외의) 그건 불가능해요.

I'd say the **exact opposite.**

(강한 반대) 저는 정반대라고 말하고 싶습니다.

I'm not so sure about that.

(약한 반대) 그건 잘 모르겠네요 / 확신할 수가 없어요.

I think otherwise.

저는 달리 생각합니다.

MP3 039

#1.

A Taking pills with orange juice is bad for you.

B **Not necessarily**… Some pills are okay to take with juice.

A **No way**!

> A 약을 오렌지 주스와 먹는 건 좋지 않아.
> B 꼭 그렇지는 않아. 어떤 알약은 주스와 함께 마셔도 괜찮아.
> A 설마!

#2.

A I am **dead set against** the idea of wearing clothes made with animal furs.

B Really? I'd say the **exact opposite**. I love my fur coats!

A Oh, **absolutely not**! Faux furs are good enough for me.

> A 전 동물 털로 만든 옷을 입는 것에 단호히 반대합니다.
> B 정말이세요? 전 정반대라고 할 수 있겠는데요. 전 제 모피 코트들을 사랑하니까요!
> A 오, 절대 안 돼요! 저는 인조 모피면 충분해요.

faux 모조의, 가짜의

● 쿨한 영어   ● 일상 영어   ○ 일상 영어 idiom   ◘ 가장 무난해요   ● 매너 영어

That might be true, but [however]…
그것이 사실일 수도 있지만. ～

That doesn't make much sense to me.
저한테는 말이 안 되네요.

I see what you mean, but [however]…
무슨 말씀인지 알겠지만. ～

I understand where you are coming from, but…
무엇 때문에 그런 말을 하는지는 이해하지만, ～

I don't share your view [thoughts].
당신 의견에 동의(동조)하지 않습니다.

That's not always true [the case].
항상 그렇지는 않습니다.

I believe your argument doesn't hold water.
당신의 주장이 타당하지 않다고 생각합니다.

I respectfully disagree.
정중히 반대합니다.

Although that is a valid [fair] point,…
타당한 지적이기는 하지만, ～

I beg to differ.
(단호) 제 생각은 다릅니다.

I take a different view.
저는 견해가 좀 다릅니다.

I'm afraid I disagree (with) …
유감이지만 ～에 반대합니다.

Conversation

#1. ●

A Mr. Peterson, I believe your argument **doesn't hold water** in this situation.

B I **see what you mean, but** you wouldn't say that if you were in my shoes.

> A 피터슨 씨, 저는 이 경우에는 당신의 주장이 타당하지 않다고 생각합니다.
> B 무슨 말씀인지 알겠지만, 제 입장이 되어 보시면 그런 말 못하실 거예요.

#2. ●●

A That **might be true, but** I am still skeptical about everything.

B I **understand where you are coming from, but** that's **not always true**.

C I'm **afraid I disagree with** you.

> A 그게 사실일 수도 있겠지만, 전 여전히 모든 것에 회의적입니다.
> B 무엇 때문에 그런 말씀을 하시는지는 이해하지만 항상 그렇지는 않습니다.
> C 유감이지만 저는 당신 의견에 반대합니다.

단어의 뉘앙스

situation
situation: 어떤 것이 발생하는 '상황'을 뜻하는 가장 일반적인 단어
circumstance: (일, 사건들과 관련된 주변의) 상황, 정황
condition: (사람 혹은 사물이 처해 있는) 특정한 상황, 상태
environment: (개인이 생활하거나 일하는) 환경

● 쿨한 영어　● 일상 영어　● 일상 영어 idiom　🔲 가장 무난해요　● 매너 영어

I don't give a damn. / Like I give a damn!

별로 신경 안 써. /
내가 신경이나 쓰는 것 같니!

Who cares!

뭐 어때! / 상관없어! /
신경 안 써!

I could care less. / I couldn't care less.

상관없어요. / 별로 상관 안 해요. /
하나도 신경 안 써요.

I don't care [mind].

상관 안 해요.

Whichever. / Whatever.

아무거나(어느 쪽이든)
상관없어.

It doesn't matter.

(상관없음) 중요하지 않아요.

(It's) Up to you.

(상관없으니까) 네가 알아서 해.
/ 당신에게 달려 있죠.

I am annoyed by your indifference.

너의 무관심에 짜증이 난다.

Whatever you prefer.

(전 상관없으니)
원하시는 대로 하시지요.

Makes no difference to me.

(영향이 없는) 저는 어느 쪽이라도 좋아요. /
저에게는 별 차이가 없어요.

#1. ●

A I **don't give a damn** about your mission!

B Honestly, I **couldn't care less** about what you think.

> A 네 임무 따위 난 신경 안 써!
> B 솔직히 말해서, 난 네가 어떻게 생각하든 별로 상관없어.

#2. ●●

A Does it really matter what I decide?

B It's **up to you. I don't really mind.**

C True. Do **whatever you prefer**.

> A 내 결정이 정말 중요한 거예요?
> B 당신에게 달려 있어요. 전 그다지 상관없어요.
> C 맞아요. (저희는 상관없으니) 원하시는 대로 하시면 됩니다.

matter 문제가 되다, 중요하다

27 칭찬(행동)

● 쿨한 영어 ● 일상 영어 ● 일상 영어 idiom ◻ 가장 무난해요 ● 매너 영어

Kudos to you!

(아이들에게) 정말 잘했어! /
아주 칭찬해!

Way to go! / (Two) **Thumbs up!**

잘했어! / 잘됐어! / 완전 대단해!

You are a **fantastic**…!

너 ~ 정말 잘한다! /
정말 멋진 ~인데요!

Good for you!

잘됐군요!

You're a **natural!**

재능이 있네요! /
타고나셨네요!

Looks like you got it!

(상대방의 의도 파악에 대한
칭찬) 이해한 것 같네! /
성공할 것 같아!

You are **fishing for compliments**.

(잘했다고 칭찬받고 싶은 사람에게) 너 칭찬 노리고 있구나. /
칭찬을 유도하는구나.

You are doing great [awesome]!

너 엄청 잘하고 있어!

We are so **proud** of you.

우린 네가 정말 자랑스러워.

That's really **remarkable**.

정말 놀라워요.

I'd like to **compliment you on**…

~를 칭찬해 드리고 싶어요.

#1. ⬤◐

A   Wow! You were such a **fantastic** speaker on stage. **Way to go**!

B   I agree. **Kudos** to you! You are a **natural**.

C   Thank you, both of you.

> A   우와! 너 무대에서 정말 멋진 발표자였어. 잘했어!
> B   그러게 말이야. 정말 잘했어! 재능 있던데.
> C   두 분 다 감사해요.

#2. ⬤◐

A   What do you think of my dress? I <u>finished</u> making it today.

B   Ah~ I can see that you are **fishing for compliments**!
    I am so **proud** of you.

A   **Looks like you got it**!

> A   내 드레스 어때요? 오늘 다 만든 거예요.
> B   아하~ 칭찬받고 싶으셔서 그러는 거군요! 정말 자랑스럽습니다.
> A   이해한 것 같으시네요!

단어의 뉘앙스

finish
finish: (진행 중인 것을) 마무리하다
complete: (많은 공이 들어야 하는 일을 완전히) 끝내다
accomplish: (하던 일을 성공적으로) 끝내다
terminate: (계약, 관계 등을) 끝내다

28 칭찬(소유물, 스타일, 외모)

● 쿨한 영어   ● 일상 영어   ● 일상 영어 idiom   ◘ 가장 무난해요   ● 매너 영어

That's a **cool [nice]** car.
멋진[좋은] 차네.

Nice **[Lovely]** shoes!
멋진[예쁜] 신발이네!

You are looking great [good] today!
오늘 멋져 보여요!

That jacket **looks nice [great]** on you.
그 재킷이 잘 어울리네요.

How **exquisite!**
정말 근사(정교)해요!

You **have the best** smile.
당신은 미소가 정말 예쁘네요.

…[am, is, are] **easy on the eyes.**
~가 예쁘장해요 /
~가 보기 좋아요.

…[am, is, are] **a ten(10).**
~는 10점 만점에 10점이에요.

…[am, is, are] **as pretty as a picture.**
~가 그림같이 예뻐요(고와요).

What a **fine-looking**…
정말 잘생긴 ~네요.

That…really **suits** you.
그 ~ 정말 잘 어울리시네요.

#1.

A Wow! Those are some **nice** pumps. Look at those **exquisite** details!

B Thanks! That is a really **cool** jacket you have on. It **looks great** on you.

A 와우! 멋진 펌프스인데. 근사한 디테일 좀 봐!

B 고마워! 네가 입은 재킷도 정말 멋지다. 너한테 참 잘 어울려.

#2.

A I saw a girl wearing a pink hoodie at the park and she was **as pretty as a picture**.

B I've seen her too. She **has the best** smile. You should ask her out!

A Have you seen her? She is a **fine-looking** lady. I can't compete with that.

A 공원에서 분홍색 후드 티 입은 여자애를 봤는데 그림같이 예쁘더라고요.

B 저도 봤어요. 미소가 정말 예쁘던데요. 데이트 신청해 보지 그래요!

A 그녀를 봤다면서요. 그녀는 아름다운 숙녀예요. 제가 상대할 수나 있겠나요.

---

pumps 펌프스(끈이 없고 굽이 낮은 구두)

● 쿨한 영어　● 일상 영어　● 일상 영어 idiom　☐ 가장 무난해요　● 매너 영어

Get off my back!

그만해(요)! / 신경 끄세요!

What are you bickering on about?

(사소한 걸로) 대체 뭐 때문에 언쟁 중인데?

Let's drop it.

그만하죠. / 그만둡시다.

The children quarrel all the time.

그 아이들은 항상 싸워요.

It's not worth **fighting over.**

싸울 가치도 없어요.

How are you going to **fight [talk] your way out of** this?

(상황을) 어떻게 이겨낼 [빠져나갈] 거예요?

Let's **agree to disagree.**

언쟁은 이제 그만하자. / 의견 차이를 인정하자.

Are you **picking [starting] a fight** with me?

나한테 지금 시비 거는 거예요?

You **made ado** about nothing.

넌 별거 아닌 걸로 호들갑을 떨었어(난리를 피웠어).

They are **fighting like cats and dogs.**

그들은 서로 앙숙처럼 다퉈요.

They are **at each other's throats.**

서로 못 잡아먹어서 안달이죠. / 걔네는 사이가 안 좋아요.

I've got a **bone to pick** with him.

저 그에게 따질 일이 있습니다.

I was **caught in the crossfire.**

제가 고래 싸움에 새우등 터졌어요. / 제가 그 일에 휘말렸어요.

They are **at odds** with each other.

그들은 서로 뜻이 맞지 (사이가 좋지) 않아요.

What are we even arguing about?

우리 도대체 무슨 일로 다투는 거죠?

#1.

A   I am always the one who gets **caught in the crossfire** when you fight.

B   No, you don't!

A   Gosh! This is not worth **fighting over**. Let's just **drop it**.

A   너희들이 싸울 때 고래 싸움에 새우등 터지는 건 항상 나라고.
B   새우등 안 터지거든!
A   어휴! 이건 싸울 가치도 없다. 그냥 그만하자.

#2.

A   Wow, did you see them **fighting like cats and dogs**?

B   I know. Jack seems to be the one **picking a fight** all the time.

A   와, 저분들 앙숙처럼 다투는 거 봤어요?
B   그러게요. 보면 항상 잭이 먼저 시비 거는 것 같아요.

단어의 뉘앙스

fight
fight: '싸우다, 다투다'를 의미하며, 가벼운 말다툼부터 시합, 격투,
넓게는 전투까지 다양한 상황에서의 싸움에 쓰이는 가장 일반적인 단어
argue: 말다툼하다, 언쟁을 하다
quarrel: (화를 많이 내면서) 말다툼하다, (심하게) 언쟁을 하다

● 쿨한 영어   ● 일상 영어   ● 일상 영어 idiom   ◼ 가장 무난해요   ● 매너 영어

I bet that…

내가 장담하는데 ~

In my opinion [view, eyes]…

제 의견[견해]으로는 ~

If you ask me…

저에게 물으신다면 ~

If you want my honest opinion…

제 솔직한 의견을 원하신다면 ~

From my viewpoint [point of view] …

제 관점에서는요 ~

I have a feeling that…

~라는 느낌이 들어요.

I would say [argue] that…

저는 ~라고 말하고 싶어요.

Can I throw my two cents in?

제 의견을 말해도 될까요?

As far as I'm concerned,…

제가 보기엔, ~

If I might add something…

한마디 덧붙이자면 ~

It goes without saying that…

두말할 것도 없이 ~입니다.

Conversation

#1.

A I **bet** that Dan never went to the hospital like he said he was.

B Yeah, I **had a feeling** that he didn't go.

> A 내 장담하는데, 댄은 병원에 간다고 하고 절대 안 갔어.
> B 맞아, 나도 걔가 안 갔을 거라는 느낌이 들더라.

#2. ●

A **As far as I'm concerned**, they have no legal grounds to detain our client.

B And if I might **add something**, it is very unlikely that they will find any evidence.

A That is true.

> A 제가 보기엔, 그들이 우리 고객을 구금할 법적 근거가 없습니다.
> B 한마디 덧붙이자면, 그들이 증거를 찾을 가능성은 매우 낮습니다.
> A 맞습니다.

---

detain (경찰서·교도소·병원 등에) 구금하다

● 쿨한 영어   ● 일상 영어   ● 일상 영어 idiom   ◼ 가장 무난해요   ● 매너 영어

Thanks a ton [bunch].

정말 고마워.

Thanks a million!

(신나서) 너무 감사해요!

Thanks a lot!

(진심을 담아) 고마워! /
(비꼬며) 고맙네, 아주. /
퍽이나 고맙군!

Cheers!

고마워(요)!

Oh, you shouldn't have!

(감사) 어머, 안 그래서도
됐는데!

This means a lot to me.

저에게는 큰 의미예요 /
저에게 큰 의미가 되었어요
(뜻 깊어요).

I don't know what to say!

(감동) 뭐라고 감사의 말씀을 드려야 할지 모르겠어요!

Thank you so [very] much.

정말 고마워요.

Words can't describe [express] how thankful I am.

(진심 어리게) 이 고마운 마음을
말로 표현할 수가 없네요.

I am indebted to you.

신세 많이 졌습니다.

Much obliged.

매우 감사하고 있습니다.

We are thankful for your help.

도움 주셔서 감사합니다.

Conversation

#1.

A **Thanks a lot** for coming to my recital.

B I couldn't miss it! I got a bouquet for you.

A Oh, **you shouldn't have**!

> A 내 연주회에 와 줘서 정말 고마워.
> B 놓치면 안 되지! 내가 너 주려고 꽃다발을 준비했어.
> A 어머, 준비 안 해도 됐는데!

#2.

A This **means a lot** to me. **Thank you so much**.

B No problem. We were **indebted to** you last year. So it was our pleasure to return the favor.

> A 저에게 큰 의미가 되었습니다. 정말 감사해요.
> B 별말씀을요. 저희가 작년에 신세를 많이 졌잖습니까. 그래서 그 호의에 보답할 수 있게 되어서 기쁩니다.

단어의 뉘앙스

mean
mean: '의미하다, 나타내다'를 뜻하는 가장 일반적인 단어
represent: mean의 격식체, 문어체 표현으로 '의미하다, 나타내다'
imply: (함축적으로) 나타내다, 암시하다

● 쿨한 영어　　● 일상 영어　　● 일상 영어 idiom　　✦ 가장 무난해요　　● 매너 영어

I owe you one.
고마워요. / 신세 졌네요.

I am so grateful for your...
당신의 ~에 정말
감사드립니다

I couldn't have done it without you.
당신이 아니었으면 해내지
못했을 거예요.

I can't thank you enough!
뭐라고 감사의 말씀을 드려야 할지 모르겠네요!

You made my day.
덕분에 감사한(즐거운) 하루가
되었어요.

I have to give credit where it's due.
공로를 인정할 건 해야죠. / 감사(칭찬)할 건 감사(칭찬)해야죠.

I am eternally [beyond] grateful.
대단히 감사드려요. /
평생 감사할게요.

We appreciate your...
~해 주셔서 감사합니다.

Please accept my deepest gratitude.
저의 진심 어린 감사를 받아 주십시오.

Conversation

#1.

A Thank you for your help. I **owe you one**.

B No need for that! I **couldn't have done it without** your organized data files.

A Well, you still **made my day**.

> A 도와줘서 고마워요. 신세를 졌네요.
> B 그러실 필요 없습니다! 당신의 정리된 데이터 파일이 없었으면 제가 못했을 건데요.
> A 그래도 덕분에 감사한 하루가 되었어요.

#2.

A We are so **grateful** for your decision to get on board with us.

B Well, I have to **give credit where it's due**. You've made a really tempting offer.

A We **can't thank you enough**!

> A 저희와 함께하기로 결정해 주셔서 정말 감사합니다.
> B (이렇게 결정할 수 있게 해 준) 공로를 인정해 드려야겠지요. 정말 솔깃한 제안을 해 주셨습니다.
> A 뭐라고 감사의 말씀을 드려야 할지 모르겠습니다!

tempting 솔깃한, 구미가 당기는

33 거절 1: 가벼운 거절

● 쿨한 영어　　● 일상 영어　　● 일상 영어 idiom　　◘ 가장 무난해요　　● 매너 영어

Why are you so **defensive [closed off]**?

(거절하는 사람에게) 너 왜 이렇게 방어적[철벽]이야?

I'm **good [cool, fine]**!

(쿨한 거절)
난 됐어! / 괜찮아!

I don't **feel like [up to]** it.

(제안에 응할)
그럴 기분이 아니야.

Forget it.

(안 되니까) 생각도 하지 마.

I'm **okay [alright]**.

(가벼운 거절) 전 괜찮아요.

Let's **take a rain check**.

(가벼운 거절)
다음 기회로 미루시죠. / 다음을 기약하시죠.

No thanks [thank you].

아니, 괜찮아(요).

Did he really **turn down** my offer?

그가 정말로 내 제안을 거절했나요?

Conversation

#1.

A Let's go get some Mexican food.

B **No thanks**. I **don't feel like** eating anything right now.

A Really?! You never said no to food.

> A 우리 멕시코 음식 먹으러 가자.
> B 아니, 괜찮아. 나 지금 아무것도 먹고 싶지 않아.
> A 진짜로?! 너 한 번도 음식은 거절하지 않았잖아.

#2.

A Can we **take a rain check** on our lunch plans?

B Sure! Is everything okay?

A Not really… The company I had a meeting with **turned down** our offer, so I need to come up with a new one.

> A 우리 점심 약속은 다음으로 미뤄도 괜찮을까요?
> B 그럼요! 무슨 일 있어요?
> A 그렇진 않아요. 미팅했던 회사가 저희 제안을 거절해서 새로운 제안서를 만들어야 하거든요.

단어의 뉘앙스 ●

food
food: '먹을 것'을 뜻하는 가장 일반적인 단어
meal: (한 끼에 먹을) 음식, 식사
cuisine: (고급 식당의 특별한) 요리, 음식
dish: (식사의 일부로 만든) 요리
diet: (평소에 먹는) 일상 음식, 식단

● 쿨한 영어　● 일상 영어　● 일상 영어 idiom　◘ 가장 무난해요　● 매너 영어

Like hell!

절대 안 돼! / 웃기는 소리
하고 있어!

Nope. /
No can do.

아니. / 그럴 수 없어.

Save it.

말해 봤자야.

No.

아니에요.

Save your
breath.

(소용없으니) 말해 봤자예요.

We refused it
point-blank.

우리는 단도직입적으로
딱 잘라 거절했습니다.

I simply [flatly]
refused to do
so.

저는 단호히[딱 잘라]
거절했어요.

No chance. /
Not a chance.

어림도 없어요.

Not in a million
years!

백만 년이 지나도 안 되는 건
안 돼!

Over my dead
body.

죽어도 안 돼. / 내 눈에 흙이
들어가기 전엔 안 돼.

It was
hard to
reject their
request.

그들의 요청을 거절하는 게
어려웠어요.

My offer was
met with
a sharp rebuff.

제 제안은 단호히
거절당했어요.

I declined the offer.

(정중) 저는 그 제안을 거절했습니다.

MP3 **049**

Conversation

#1. ●●

A Can you guys lend me some money?

B **No can do. Over my dead body**!

C You can **save your breath**. I have tightened my belt since last year.

A I thought as much.

> A 너네 나한테 돈 좀 빌려줄 수 있어?
> B 그럴 수 없어. 내 눈에 흙이 들어가기 전엔 안 돼!
> C 말해 봤자야. 나도 작년부터 허리띠를 바짝 졸라매고 있다고.
> A 그럴 거라고 생각했어.

#2. ●●

A Have you thought about my suggestion?

B Yes. I am really sorry, but we are going to have to **decline**.

A Hmm, it's fine. You are the third company that **refused it point-blank**.

> A 제 제안에 대해 생각해 보셨어요?
> B 네. 정말 죄송합니다만, 거절해야 할 것 같습니다.
> A 음, 괜찮습니다. 여기가 단도직입적으로 거절한 세 번째 회사거든요.

tighten one's belt 허리띠를 졸라매다, 내핍생활을 하다

163

● 쿨한 영어　● 일상 영어　○ 일상 영어 idiom　■ 가장 무난해요　● 매너 영어

You **must be joking**.

(어이없어서) 농담하는 거지?

You wish!

그건 네 희망 사항이고! /
꿈 깨!

Oh, please!

(관심 없음) 제발, 왜 이래! /
이러지 마!

My **calendar [schedule] is full**.

스케줄이 꽉 차 있어요.

(Only) **In your dreams!**

네 꿈에서나 있을 일이지! /
꿈도 꾸지 마!

I **have (other) plans**.

(다른) 약속이 있어요.

I am **seeing someone else**.

사귀는 사람 있어요. /
만나는 사람 있어요.

I had a hard time **turning** him **down**.

그를 거절하는 데 애 먹었어요.

She **rebuffed** me when I asked her out.

(단호한 거절) 그녀는 제 데이트
신청에 퇴짜를 놓았어요.

I have a **previous engagement**.

선약이 있어요.

I'm not interested.

관심 없어요.

You are **not my type**.

당신은 제 타입(이상형/취향)이 아니에요.

Conversation

#1. ●●

A Would you like to go out with me someday?

B You **must be joking**, right? We've always been just friends!

A You were never just a friend to me.

B **Oh, please**! You are **not my type**.

> A 언제 나랑 데이트하지 않을래?
> B 농담하는 거지, 그렇지? 우리는 항상 친구였는데!
> A 넌 나한테 그냥 친구였던 적 한번도 없어.
> B 이러지 마! 넌 내 취향 아니야.

#2 ●

A Hey, were any of you there when Jenna **turned** Samuel **down**?

B We were! That **rebuff** was brutal.

C I think it was better to reject him rather than just give false hope.

A Not for me though. I think it was better to tell him that she was **seeing someone else**.

> A 제나가 사무엘이 데이트하자는 거 거절했을 때 거기 있었던 사람 있어?
> B 우리가 있었어! 완전 잔인하게 퇴짜 놨지.
> C 난 그저 헛된 희망을 주기보다는 단호하게 거절하는 편이 더 나은 것 같아.
> A 그래도 나는 아니야. 그녀가 사귀는 사람이 있다고 말하는 편이 더 나았을 것 같아.

단어의 뉘앙스

false

false: 진실이 아닌 '거짓의, 가짜의'를 뜻하는 가장 일반적인 단어
fake/imitated: (진짜처럼 보이게 만든) 가짜의 → 모조의, 위조의
artificial/faux: (실물과 유사하게 인위적으로 만든) 인조의
mock: (진짜인 것처럼 의도된) 거짓의 → 가장의, 위장된

Jelly much?

(비꼬며) 웬 질투?

Lucky (for) you!

(비꼬며) 넌 운도 좋지!! / 좋겠네!

You are such a **green-eyed monster**!

너 완전 질투의 화신이구나!

He is the **object of my envy**.

그는 내 부러움의 대상이에요.

I am **blinded by jealousy**.

전 질투심에 눈이 멀었어요.

I **envy** you.

부럽습니다.

Everyone is so **envious** of you.

모두가 당신을 부러워해요.

She was **green with envy**.

그녀는 질투심이 가득했어요 / 그녀는 몹시 샘을 냈습니다.

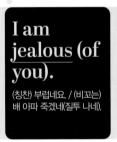

I am jealous (of you).

(칭찬) 부럽네요. / (비꼬는) 배 아파 죽겠네(질투 나네).

Stop looking at my car with those **covetous** eyes!

그 탐욕스러운 눈으로 제 차 좀 그만 쳐다보시죠!

Conversation

#1. ●●

A I got 2nd place in the lottery!

B Again?! Well, **lucky you**!

A What's with that tone? Are you **jelly**?

> A 나 로또에서 2등 당첨됐어!
> B 또?! 참 운도 좋아!
> A 그 말투는 뭐야? 질투하는 거야?

#2. ●●

A I told you Mary was up to no good when she stared at your new bag with her **covetous** eyes!

B Who knew she was **blinded by jealousy** enough to wreck my things.

A Everyone knows that you always have been the **object of Mary's envy**.

> A 메리가 당신 새 가방을 탐욕스러운 눈으로 뚫어지게 볼 때 나쁜 일을 꾸미고 있을 거라고 제가 말했죠!
> B 그녀가 질투에 눈이 멀어 제 물건을 망가뜨릴 줄 누가 알았겠어요.
> A 당신이 항상 메리의 부러움의 대상이었다는 걸 모두들 알고 있답니다.

up to no good 나쁜 일을 행하거나 꾸미는

● 쿨한 영어   ● 일상 영어   ● 일상 영어 idiom   ◻ 가장 무난해요   ● 매너 영어

I'm pooped (out).

완전히 지쳐 뻗었어.

I'm drained.

기가 다 빨렸어.

I'm dead tired.

피곤해서 죽을 지경이야.

I'm beat [wiped out].

완전 지쳤어.

I can hardly keep my eyes open.

(피곤해서) 눈도 못 뜨고 있겠어요.

I was tired [weary], but I couldn't sleep.

피곤했지만 잠이 오지 않았어요.

I am feeling burnt-out at work.

(극도의 피로) 직장에서 녹초가 되어 있어요.

I'm running out of fumes [on empty].

에너지가 바닥났어요.

I'm on my last legs.

피곤해 죽을 지경이에요.

I am so worn out.

너무 지쳤어요.

I'm exhausted.

(기진맥진) 진이 다 빠졌습니다.

I'm knackered.

(기진맥진) 완전 녹초가 됐습니다.

Conversation

#1.

A   OMG! I'm so **wiped out** that I can **hardly keep my eyes open**.

B   What's wrong? Didn't get any sleep last night?

A   Nope. I have been **running on empty** since our exam period started.

A   오 마이 갓! 너무 지쳐서 눈도 못 뜨고 있겠어.

B   무슨 일이야? 어젯밤에 한숨도 못 잤어?

A   못 잤어. 시험 기간 시작하고 나서부터 에너지가 바닥난 상태야.

#2.

A   Oh my, I'm so **exhausted**.

B   Me too. This project has been a nightmare.

A   I'm so **burnt-out** at work, I can't even lift a finger when I get home.

A   어우, 진짜 진이 다 빠졌습니다.

B   저도요. 이 프로젝트가 악몽 그 자체였어요.

A   일 때문에 녹초가 되어서 집에 가면 손 하나 까딱할 힘이 없어요.

단어의 뉘앙스

start
start: '시작하다'의 뜻으로 쓰이는 가장 일반적인 단어
commence: (공식적으로 일을) 시작하다, 개시하다
initiate: (잘 진행되도록 준비해서) 시작하다, 착수하다
launch: (계획이라든지 제품처럼 새로운 어떤 것의 소개나 출시를) 시작하다, 착수하다

38 눈치

You are slow [slow-witted].

(무례하게) 너 너무 (이해가) 느려. / 넌 눈치가 없어.

Can't you take a hint?

넌 눈치도 없니?

I am street-smart.

전 세상 물정에 밝아요. / 전 눈치가 빨라요.

He is a bright child.

그는 눈치 빠른 아이예요. / 그는 똑똑한 아이예요.

He hinted that it was time for us to go.

그는 우리가 가야 할 시간이라고 눈치를 주었어요.

She saw right through me.

(상황을 눈치챈) 그녀는 나를 꿰뚫어 봤어요.

I was walking on eggshells when the teacher was angry.

선생님이 화가 났을 때 난 눈치를 살살 보았어요.

You do you, I'll do me.

(눈치 안 보고) 난 내가 알아서 할 테니, 넌 너 하고 싶은 대로 해.

Why are you tiptoeing around them?

왜 그 사람들 눈치를 살살 보는 거예요?

I feel like walking on thin ice.

(아슬아슬) 눈치 보는 상황이에요. / 살얼음판을 걷는 기분이에요.

You really need to learn how to read the room.

당신은 분위기 파악하는 방법 좀 배워야겠어요.

I was eating salt with my grandparents for a while.

(손님처럼) 저는 한동안 조부모님 댁에 살며 눈칫밥을 먹었어요.

You catch on quickly!

눈치가 빠르시군요!

Conversation

#1.

A   I can't believe you said that! Have you become **slow-witted** or something?

B   Hey, stop nagging. **You do you, and I'll do me**.

A   You are such a tactless person.

> A   네가 그런 말을 했다는 게 믿기지가 않아! 눈치가 없어진 거야, 뭐야?
> B   야, 잔소리 좀 그만해. 난 내가 알아서 할 테니, 넌 너 하고 싶은 대로 해.
> A   너 진짜 요령없는 사람이구나.

#2.

A   Paul is one of the **brightest** kids I have ever met.

B   I agree. He is quick to **read the room**.

A   Kids his age usually aren't. I wonder why he is like that.

B   I heard he is currently **eating salt with** his relatives. Maybe that is why.

> A   폴은 제가 만난 아이들 중에 눈치가 가장 빠른 아이예요.
> B   맞아요. 분위기 파악하는 게 빠르더라고요.
> A   그 나이대 아이들은 보통 안 그렇거든요. 걔는 왜 그런지 궁금하네요.
> B   폴이 현재 친척집에서 살면서 눈칫밥 먹고 있다고 들었어요. 그래서 그런가 봐요.

nag (계속) 잔소리를 하다   **tactless** 눈치 없는

● 쿨한 영어　● 일상 영어　○ 일상 영어 idiom　◘ 가장 무난해요　● 매너 영어

You really have no **knack** for anything.

넌 정말 재주가 아무것도 없구나.

She is a talented...

그녀는 재능 있는 ～입니다.

He is so **handy**.

그는 손재주가 좋아요.

You are a **natural**!

재능이 있으시네요! / 타고나셨네요!

Some **skills** [gift] you got!

실력[능력]이 대단하군요!

You got anything in your **bag of tricks**?

좋은 재주(방법, 생각) 있어요?

I am **not cut out for** any sports.

(재능이 없어) 전 운동은 잘 못해요.

I guess I'm **losing my touch**.

(재능이 있었는데) 제가 감을 잃고 있나 봅니다.

You are a very **capable** young man.

매우 유능한 젊은이입니다.

You seem very **dexterous** [skillful/good with your hands].

손재주가 있으시네요.

She is showing an **aptitude** for music.

그녀는 음악에 소질을 보이고 있어요.

You are a **brilliant** scientist.

뛰어난 과학자이십니다.

Conversation

#1.

A Wow. I guess you really have no **knack** for building things.

B Yeah… I think I'm **losing my touch**.

A What do you mean? You never had the **talent**.

> A 우와. 너 정말 물건 만드는 재주는 없나 보다.
> B 응. 내가 감을 잃어가는 것 같아.
> A 뭔 소리야? 원래 재능이 없었는데.

#2.

A Your daughter has some special **aptitude** for music.

B Really? I thought she was **good with her hands**.

A She is a **natural**! I think she takes those **skills** after you.

> A 따님은 음악에 특별한 소질이 있습니다.
> B 정말입니까? 전 그 아이가 손재주가 있다고만 생각했지요.
> A 그 애는 타고났습니다! 어머님을 닮아서 실력이 있는 것 같아요.

단어의 뉘앙스

special
special: 평범하거나 일반적이지 않은 '(아주 좋은 의미로의) 특별한'을 뜻하는 가장 일반적인 단어
particular: 특별히 정해 놓은 → 특정한
peculiar: 고유한, (부정적인 의미로) 특이한, 희한한
specific: (특별한 한 가지 대상에 국한된) 특정의, 한정된

40 외면/무시

● 쿨한 영어 ● 일상 영어 ● 일상 영어 idiom ⬛ 가장 무난해요 ● 매너 영어

I gave him the **brush-off**. / I **brushed** him **off**.

난 그를 싹 무시해 버렸어.

You can't <u>ignore</u> me all day.

하루 종일 날 무시할 수는 없을걸.

Being **in denial** only makes things difficult.

부인(부정, 외면)하는 것은 일을 어렵게 만들 뿐입니다.

Are you **avoiding** me?

너 나 피하니?

He **gave** me a **cold-shoulder**.

그는 나를 쌀쌀맞게 대했어요.

Don't **turn your back on** me!

나 무시하지 매! / 나한테 등 돌리지 매!

Please don't **look the other way**.

제발 외면하지(못 본 척하지) 마세요.

Stop **sticking your head in the sand**!

문제를 외면(회피)하지 마세요!

You just can't **disregard [dismiss]** the truth!

진실을 외면할 순 없습니다!

It is not okay to **overlook** a mistake in the workplace.

직장에서 실수를 눈감아 주는 것은 좋지 않습니다.

Conversation

#1.

A He **brushed** me **off** on our date. And he has been **ignoring** my call all week.

B I can't believe he is **avoiding** you like that!

> A 데이트를 하는데 그가 날 마구 무시했어. 그러곤 일주일 내내 내 전화를 무시하고 있네.
> B 그가 그런 식으로 널 피하고 있다니 믿기지 않는다!

#2.

A I am sorry, but I can't keep on **overlooking** safety code violations for you.

B Come on! You can just **look the other way**.

A Not anymore. I can't **disregard** the fact that people's safety is in danger.

> A 죄송하지만, 안전 수칙 위반 사항을 계속 간과할 수는 없습니다.
> B 제발! 그냥 못 본 척해 주실 수 있잖아요.
> A 더 이상은 안 돼요. 사람들의 안전이 위험하다는 사실을 무시할 수는 없습니다.

---

be in danger 위험에 빠지다, 위험에 처하다

● 쿨한 영어   ● 일상 영어   ● 일상 영어 idiom   ☐ 가장 무난해요   ● 매너 영어

She is a **brainy** child.
그녀는 영리한(똑똑한) 아이예요.

He's a **smart cookie**.
걔는 영리한 녀석이에요.

I knew you could make a **sensible** decision.
당신이 현명한 결정을 내릴 줄 알았어요.

She is **book-smart**.
그녀는 책으로 배운 지식이 많아요. / 그녀는 공부 쪽으로는 똑똑해요.

He is **sharp as a tack**, just like his dad.
그는 아빠를 닮아 명철(총명)해요.

I **know it like the back of my hand**.
그건 제가 손바닥 보듯 훤히 알고 있어요.

...[am, is, are] smart [clever, bright].
~는 똑똑[영리]해요.

My parents are **wiser** than me.
부모님이 저보다 더 현명하시죠.

She is a very **well-informed** lady.
그녀는 매우 박식한 분이세요.

They are a **brilliant** group of students.
그들은 뛰어난 학생들입니다.

#1.

A   Noah is such a **smart cookie**.

B   He really is! He has been a **brainy** kid since he was a baby.

A   It still astonishes me how he memorized all the street names
in our town.

B   Noah still **knows it like the back of his hand**!

> A   노아는 참 영리한 녀석이야.
>
> B   진짜 그래! 아기 때부터 정말 똑똑했어.
>
> A   걔가 우리 마을에 있는 모든 거리 이름들은 어떻게 외웠는지 아직도 놀라워.
>
> B   노아가 그걸 아직도 손바닥 보듯 훤히 알고 있더라고!

#2.

A   Sophia is a **well-informed** grad student.

B   I agree. She is **book-smart**, but lacks people skills.

> A   소피아는 박식한 대학원생이에요.
>
> B   그렇죠. 그녀가 공부 쪽으로는 똑똑하죠. 그런데 대인관계 쪽으로는 기술이 부족해요.

단어의 뉘앙스

town

town: village보다는 크고 city보다는 작은 규모의 소도시
village: 주로 소규모 가구가 모여 사는 한적한 작은 마을
city: town보다 큰 일반적인 규모의 도시
province: 수도가 아닌 지방을 의미

42 모자람/멍청함

● 쿨한 영어   ● 일상 영어   ● 일상 영어 idiom   🔲 가장 무난해요   ● 매너 영어

What a half-wit [dimwit, moron]!

이런 반푼이[얼빠진 놈] 같은 게!

You are such a thickhead [blockhead].

너 돌머리구나.

You are a complete idiot!

너 완전 바보(얼간이)구나!

How can you be so dense?

어쩜 그렇게 멍청할(둔할) 수가 있냐?

You are an idiot [a fool]!

너 진짜 바보구나!

Stop acting so dumb.

바보처럼 좀 굴지 마.

…[am, is, are] not so bright.

~는 그다지 똑똑하지 않아요.

…[am, is, are] a little [bit] slow.

~는 두뇌 회전이 좀 느려요.

You are being silly.

(귀여운 어투로) 어리석게 구네.

I'm not stupid enough to fall for that.

그것에 속을 만큼 내가 멍청하지 않아.

He's not the sharpest tool in the shed.

그는 머리가 좀 둔한 사람이에요.

She's a few cards short [shy] of a deck.

그녀는 좀 모자란 사람인 듯해요.

#1. ●

A　Oh no, you are such a **thickhead**!

B　I know! I can't believe I was such a **complete idiot** in front of her.

A　Well, people usually **act dumb** in front of people they like.

> A　이런, 너 정말 돌머리구나!
> B　그러게! 그녀 앞에서 그렇게 바보처럼 굴다니 믿을 수가 없어.
> A　음, 사람들은 보통 좋아하는 사람 앞에서 바보처럼 행동하긴 하지.

#2. ●

A　I can't believe you!

B　I know I am **not the sharpest tool in the shed**, but I am trying really hard.

A　Stop. I am not **stupid** enough to fall for that.

B　Have some patience with me. I can be **a bit slow**.

> A　너를 믿을 수가 없어!
> B　내가 좀 둔한 사람인 건 알지만, 정말 열심히 노력하고 있어.
> A　그만해. 그런 걸로 속아 넘어갈 정도로 나 멍청하지 않아.
> B　좀 더 인내심을 가지고 봐 주겠니. 내가 조금 느린 편이라서 말이야.

fall for ~에 속아 넘어가다

43 정신/생각

Get real [a grip]!
꿈 깨! / 정신 차려!

I just had a light bulb moment!
(불현듯) 나 방금 좋은 생각이 떠올랐어!

What do you have in mind?
뭐 할 생각이에요?

It did **cross my mind** once.
한 번 그런 생각이 들긴 했어요.

Pull yourself together!
정신 차려! / 정신 차리고 마음 가다듬에!

I feel like I am **losing my mind**.
제가 정신줄을 놓고 있는 것 같아요.

You **read my mind**!
저랑 통했네요! / 제 생각을 읽었군요!

You are **not in your right mind**.
당신 지금 제정신이 아닌 것 같아요.

I need some **peace of mind**.
마음의 평화가 필요해요.

What are you **thinking**?
무슨 생각해요?

You need to **put on your thinking cap**.
(골똘히) 곰곰이 생각해 봐야 해.

Seems like you **are miles away**!
(멀리 있는 듯한) 정신줄을 놓고 있는 것 같아요! / 멍하니 있으신 것 같네요!

I **have a lot on my plate [mind]** right now.
지금 생각할 게 많아요. / 지금 해야 할 일이 많아요.

You are not **thinking straight**.
당신 지금 제대로 생각을 못하고 있네요.

(Now that I) Come to think of it…
지금 생각해 보니까 ~

Conversation

#1.

A Do you think I have my head in the clouds?

B You need to **get real**! He is never going to ask you out.

A Yeah. That thought did **cross my mind**. I'm going to <u>move</u> on.

> A 내가 뜬구름 잡고 있는 것 같니?
> B 정신 차려! 걘 너한테 절대 데이트 신청 안 할 거야.
> A 맞아. 그런 생각이 들긴 했어. 미련을 버려야지.

#2.

A Are you listening to me?

B Sorry, it seems like I **was miles away**. I **have a lot on my mind** right now.

A Are things okay at home?

B **Come to think of it**, things are not okay.

> A 제 말 듣고 계신 거예요?
> B 죄송해요. 제가 멍하니 있었나 봐요. 지금 생각할 게 많아서요.
> A 집에 무슨 일이 있어요?
> B 생각해 보니, 별로 좋지 않네요.

단어의 뉘앙스

move
move: '움직이다, 옮기다'를 뜻하는 가장 일반적인 단어
carry: (손으로 또는 운송 수단으로) 운반하다, 나르다
transfer: (다른 곳으로 위치를) 옮기다, 이동시키다, 전환시키다
transport: (사람 또는 물건을 한 장소에서 다른 곳으로) 운송하다, 수송하다
convey: (물건을) 실어 나르다

44 기억/망각/추억

● 쿨한 영어   ● 일상 영어   ● 일상 영어 idiom   □ 가장 무난해요   ● 매너 영어

You are so forgetful.

당신 건망증이 심하네요.

Bear [Have, Keep]…in mind.

~를 명심(유념, 기억)하세요.

Does it ring a bell?

들어본 적 있어요? / 기억나요?

Let's take a trip down memory lane!

추억 여행을 떠나 보재 / 함께 추억을 더듬어 보재!

It completely slipped my mind.

완전 깜빡했어요.

Can someone refresh [jog] my memory?

누구 제 기억 좀 상기시켜 [되살려] 주실 분 있나요?

I lost my train of thought.

뭘 하려던 건지 잊었어요.

My mind went blank.

머릿속이 하얗게 되었어요.

It's on the tip of my tongue.

기억(생각)이 날 듯 말 듯해요.

If (my) memory serves me correctly,…

제 기억이 정확하다면 ~

Unless I am [If I'm not] mistaken,…

제가 잘못 기억하는(아는) 게 아니라면 ~

As I recall, …

제 기억으로는 ~

Conversation

#*1.* ●

A Did you get tofu on your way home?

B Oh my! It completely **slipped my mind**. I was thinking only about my project.

A I guess you **lost your train of thought**!

> A 집에 오는 길에 두부 샀어?
> B 이런! 완전히 깜빡했어. 내 프로젝트만 생각하고 있었거든.
> A 뭘 해야 하는지 잊었나 보네!

#*2.* ●●

A I can't remember who was in charge of the snacks. It's **on the tip of my tongue**!

B **If my memory serves me correctly**, Ben was the one who said he was going to prepare snacks for this meeting.

A That's right! Now it **rings a bell**.

> A 누가 간식 담당이었는지 기억이 안 나요. 생각이 날 듯 말 듯하네요!
> B 제 기억이 정확하다면, 벤이 이번 회의 간식을 준비하겠다고 말한 사람이에요.
> A 맞아요! 이제 기억이 나네요.

be in charge of ~를 담당하고 있다

● 쿨한 영어   ● 일상 영어   ○ 일상 영어 idiom   ◐ 가장 무난해요   ● 매너 영어

I am going to **move on**.

(새로운 일/주제) 다른 걸 하려고 해. / 미련을 버리려고 해.

I've **made up my mind**.

전 결정했습니다.

I will do it again **in a heartbeat**.

(즉시) 생각해 볼 것도 없이 다시 그렇게 할 거예요.

I am **determined to** finish this before noon.

정오가 되기 전에 이것을 끝내기로 결심했습니다.

Have you decided on what to order?

무엇을 주문할지 결정하셨나요?

I'm glad you had **a change of heart [mind]**.

마음(결정)을 바꿔서 다행이네요.

I am **in two minds** about that problem.

그 문제에 대해서 결심이 서지 않네요. / 그 문제를 망설이고 있어요.

I am still **on the fence** about…

저는 아직도 ~를 망설이고 있습니다(결정을 못했습니다).

If you believe in what you are doing, just **stick to your guns**.

자신이 하고 있는 일을 믿는다면, 그 뜻을 굽히지 마세요.

Conversation

#1. ●

A   Are you still not **decided**?

B   No…I am **in two minds** about it.

A   If you believe in yourself, just **stick to your guns** and go with your first decision.

> A   아직 결정 안 했어?
> B   응. 아직 고민 중이야.
> A   자신을 믿는다면, 네 뜻을 고수하고 첫 번째 결정을 따라.

#2. ●

A   I heard the news about your breakup. I didn't know you had a **change of heart**!

B   Yes, but I **decided to move on**.

A   Sorry to hear that. You guys seemed like a perfect couple.

B   Well, I would go out with her again **in a heartbeat**. But this is better for everyone.

> A   애인과 헤어졌다는 소식 들었어요. 마음이 바뀐 줄 몰랐어요!
> B   맞습니다. 그렇지만 이젠 미련을 버리기로 했어요.
> A   유감이네요. 참 완벽한 커플 같았는데 말이죠.
> B   음, 그녀와 당장 다시 사귀고 싶긴 해요. 하지만 이 편이 모두에게 더 좋아요.

단어의 뉘앙스 ●

stick
stick: (끈끈하게) 들러붙다, 붙이다
adhere: 꽉 들러붙다
affix: (우표, 라벨 등을) 부착하다
patch: (덧대어) 붙이다

● 쿨한 영어   ● 일상 영어   ○ 일상 영어 idiom   ▣ 가장 무난해요   ● 매너 영어

Try not to **think too much** about it.

너무 많이 고민하지 마세요.

I need time to **mull things over** before I decide.

결정하기 전에 곰곰이 생각해 볼 시간이 필요해요.

Are you still **trying to figure out** what to do in the weekend?

주말에 뭘 할지 아직도 고민 중이야?

I am thinking about whether…

~를 할지 말지 고민중입니다.

Stop **beating around the bush**!

빙빙 돌려 말하지 말고 요점만 말해요!

Why don't you **sleep on it** and we can talk tomorrow?

잘 생각해 보고 내일 얘기하죠.

You should **weigh your options** before deciding on anything.

결정하기 전에 모든 선택권을 고려해 보세요.

I **put a lot of thought into** making this plan.

이 계획을 짜려고 고민을 많이 했습니다.

There is no use **agonizing over [about]** it.

그것에 대해 고민해 봐야 소용없습니다.

What are you so **concerned about**?

뭐가 그렇게 걱정이고 고민이세요?

Conversation

#*1.* ●

A Have you decided what to do?

B Hmm…I'm still in two minds about that problem.

A It's better to **weigh your options** before deciding on anything.

> A 어떻게 할지 결정했어요?
>
> B 음, 그 문제에 대해서는 아직 결심이 서지 않네요.
>
> A 뭐든 결정하기 전에 모든 선택권을 고려해 보는 게 더 좋죠.

#*2.* ●●

A What are you so **concerned about**?

B I **put a lot of thought into** making this plan, so I don't want to mess it up.

A Try not to **think too much** about it. You will be fine!

> A 뭐가 그렇게 걱정이고 고민이세요?
>
> B 제가 이 계획을 짜내느라 고민도 생각도 많이 해서 망치고 싶지가 않습니다.
>
> A 너무 고민하지 마세요. 괜찮으실 거예요!

---

be in two minds 망설이다. 결심이 서지 않다, 마음이 두 갈래이다

You are too **fickle**.
(변덕스러운) 넌 너무 줏대가 없어. / 넌 참 마음이 갈대 같구나.

You need to stop **changing your mind**.
변덕 좀 그만 부려요.

I can't believe you are **pulling out of** our deal!
(사업·거래에서 마음이 바뀌어) 당신이 우리 거래에서 손을 떼려 하다니 믿을 수가 없네요!

Did you really just quit your job **on a whim**?!
(갑작스러운 변심에) 너 진짜 충동적으로 일을 그만둔 거야?!

You are such a **temperamental** person.
너 엄청 변덕쟁이구나.

Do you always **blow hot and cold** like this?
너 항상 이렇게 이랬다 저랬다 하니?

Why the **change of heart**?
왜 마음이 변하셨어요?

Are you **dragging your feet** on purpose?
(변심해서) 일부러 질질 끄는 거예요?

You have to know when to **throw your hand in**.
(일이 뜻대로 되지 않아 마음이 바뀔 때) 언제 손을 떼야 할지 알아야 해요.

She is **getting cold feet**.
(계획한 일에 마음이 변해) 그녀는 겁을 먹었어요. / 그녀는 주눅이 들었어요.

Are you having second thoughts?
(마음 변해서) 혹시 다시 생각 중이야?

#1. ⬤⬤

A How **fickle** can you be!

B I am not! I am just carefully **having second thoughts**.

A But you always do this. You need to stop **changing your mind** so much.

> A 너 어쩜 그렇게 줏대가 없냐!
> B 아니야! 그냥 신중하게 재고하고 있을 뿐이야.
> A 하지만 넌 항상 이래. 변덕 좀 그만 부려라.

#2. ⬤

A I heard you are **pulling out of** our agreement.

B We are sorry that you found out like this, but understand that it was not done **on a whim**.

A Why the **change of heart**?

B I can only guess that my boss knows when to **throw his hand in**.

> A 저희 계약에서 손을 떼신다고 들었습니다.
> B 이런 식으로 아시게 되어 유감이지만, 즉흥적으로 결정된 게 아니라는 점 이해해 주세요.
> A 왜 마음이 변하셨을까요?
> B 저는 제 상사가 언제 손을 떼야 할지 안다고만 추측할 뿐입니다.

단어의 뉘앙스

change
change: '바꾸다', '변화하다'를 표현하는 가장 일반적인 단어
switch: (갑자기 혹은 완전하게) 상태나 위치를 바꾸다
shift: (위치나 자세, 입장을) 바꾸다
exchange: 어떤 걸 주고 다른 걸 받다
swap: (교환 시 서로 주고받는 것에 중점을 두어) 맞바꾸다
transform: (형태, 모습을) 바꾸다

48 이상한/독특한/별난

● 쿨한 영어   ● 일상 영어   ● 일상 영어 idiom   ◻ 가장 무난해요   ● 매너 영어

What a **wacko [weirdo]!**

(너무 별난) 완전 또라이 아냐!

You are a **piece of work!**

뭐 이런 사람이 다 있어!

Stop acting **weird** if you want to make friends.

친구 사귀고 싶으면 이상한 행동을 하지 마.

He **has a screw loose.**

(이상한/특이한) 그는 나사가 하나 빠졌어요.

They are a **peculiar** group of students.

그들은 독특한 학생 집단이에요.

She has a **quirky** sense of humor.

그녀는 유머 감각이 별나죠.

People have some **unique** sense of fashion.

사람들은 독특한 패션 감각이 있지요.

He is a strange man.

그는 이상한 사람이에요.

Well, he is an **odd bird.**

(성격이나 행동이) 음. 그는 별난 사람이에요.

I am the **black sheep [outsider]** of the family.

제가 저희 집안의 골칫거리죠.

I have an **off-the-wall** idea!

엉뚱한(별난) 생각이 하나 떠올랐어요!

…is **one in a million [thousand, hundred].**

~는 완전 특별해요. / ~는 백만 명에 한 명 있을까 말까 해요.

Conversation

#1.

A Wow! He really is a **piece of work**, isn't he?!

B I know. He definitely **has a screw loose**.

A I bet he is the **black sheep** of his family.

> A 왜! 걔 진짜 뭐 그런 놈이 다 있을까, 안 그래?!
> B 그러게. 걘 확실히 나사 하나가 빠졌어.
> A 내가 장담하는데 걔, 집안에서도 골칫거리일 거야.

#2.

A I know some people say Selina is an **odd bird**, but I think she is just **unique**.

B Me, too. She is just **one in a million**.

A I think it's because of her **quirky** outfits.

> A 나도 어떤 사람들이 셀리나가 별난 사람이라고 하는 것 아는데요, 전 그녀가 그냥 독특한 것 같아요.
> B 저도 그래요. 그냥 백만 명 중에 한 명 있을까 말까 한 사람이죠.
> A 그게 셀리나가 입고 다니는 별난 의상들 때문인 것 같아요.

단어의 뉘앙스

odd
odd: 비정상적이며 불안정해 보이는
strange: (통념과 많이 다르거나 일반적이지 않아서) 낯선, 이상한
weird: (정상적인 것과 다른) 이상한, 기묘한
abnormal: (안 좋은 느낌으로) 일반적이고 평균적인 것과 다른
bizarre/grotesque: 기괴한, 엽기적인

● 쿨한 영어 ● 일상 영어 ● 일상 영어 idiom ◼ 가장 무난해요 ● 매너 영어

It could get **nippy** in the evenings.

저녁에는 쌀쌀해질 수도 있어.

It's a bit chilly.

조금 쌀쌀(으슬으슬)해요

I don't like **the cold**.

추운 건 싫어요.

I don't do well in **the cold**.

전 추위를 잘 타요.

It's **arctic** outside!

밖은 완전 북극이야!

I'm **chilled to the bone**.

뼛속까지 추워요.

Raw weather is not good for my asthma.

너무 춥고 축축한 날씨는 제 천식에 안 좋아요.

It seems to be an **icy** morning today.

오늘 아침은 얼어붙을 듯이 춥네요.

I bet nobody likes to **shiver in the cold**.

추위에 오들오들 떨고 싶어 하는 사람은 없을 거예요.

My lips are blue.

(추워서) 입술이 파래졌어요.

It's **freezing (cold)** in here!

여기 안은 꽁꽁 얼 정도로 추워!

I don't like the **biting wind** in winter.

겨울에 칼바람(살을 에는 듯한 바람) 부는 거 싫어요.

I love the **frosty** mornings in winter.

저는 겨울에 서리가 내리는 (서리로 뒤덮인) 아침이 너무 좋아요.

Frigid gusts of wind are not good for my skin.

냉랭한 돌풍은 제 피부에 좋지 않아요.

Conversation

MP3 **064**

#1. ⬤⬤

A Peter, put this jacket on. The news said it could get **nippy** in the afternoon.

B I knew it! My room was a bit **chilly** this morning.

A Really? I should crank up the heat then.

> A 피터, 이 재킷 입으렴. 뉴스에서 오후에 쌀쌀해질 수도 있다고 했어.
> B 그럴 줄 알았어요! 오늘 아침에 제 방이 조금 으슬으슬 춥더라고요.
> A 그랬니? 그럼 난방 온도 좀 확 올려야겠구나.

#2. ⬤

A Holy moly! It's **arctic** outside!

B That's for sure. All of our **lips are turning blue** in this **raw weather**.

> A 세상에나! 밖이 완전 북극이에요!
> B 완전 그러네요. 이렇게 축축하고 추운 날씨 때문에 우리 다 입술이 파래지고 있어요.

---

crank up (기계 등을) 돌아가게 하다, 더 세게 돌리다, (음악 등의) 소리를 높이다

● 쿨한 영어   ● 일상 영어   ● 일상 영어 idiom   ◘ 가장 무난해요   ● 매너 영어

My skin is getting **clammy** in this humidity.

(기분 나쁜 뉘앙스) 습기 때문에 제 피부가 축축해지고 있어요.

It's going to rain soon.

곧 비가 오겠네요.

Please be careful in **misty [foggy]** mornings.

안개 낀 아침에는 조심하세요.

It's a **humid and sticky** day.

습하고 끈끈한 날이에요.

I love standing in a **pouring rain**.

저는 쏟아지는 빗속에서 있는 걸 좋아해요.

The ground is **soggy** after the rain.

(불쾌한 느낌) 비 온 후에는 땅이 질척거려요.

The **rainy [monsoon] season** is coming soon.

곧 장마철이 올 거예요.

You rarely need an umbrella in this **(light) drizzle [sprinkle]**.

이런 가랑비(이슬비, 보슬비)에는 우산이 거의 필요 없어요.

My shoes are **damp** after the rain.

(불쾌한 느낌) 비 온 후에는 신발이 축축해요.

My shirts are **getting wet** in this rain.

이 비에 제 셔츠들이 젖고 있어요.

I can't see anything in this **downpour**.

이런 폭우 속에서는 아무것도 보이지 않아요.

It's **raining cats and dogs**.

비가 억수같이 쏟아지고 있어요.

Conversation MP3 **065**

#1.

A Argh! I hate this **rainy season**. My hands are getting **clammy** in this humidity.

B I know, it was **raining cats and dogs** last night.

A No wonder it was so wet in the morning.

> A 으의 난 장마철이 너무 싫어. 습기 때문에 내 손이 축축해진다고.
> B 내 말이. 어젯밤에 비가 억수같이 쏟아지더라고.
> A 어쩐지 아침에 축축하더라.

#2.

A Did you bring your umbrella? The weather forecasted a **downpour** in the evening.

B Oh no, really? I thought it was a **light drizzle**, so I didn't bring my umbrella.

A I can walk to the subway station with you, don't worry.

> A 우산 가져왔어요? 일기 예보에서 저녁에 폭우가 올 거라고 했어요.
> B 이런, 진짜요? 가벼운 이슬비라고 생각해서 우산을 안 가져왔어요.
> A 제가 지하철역까지 함께 가 드릴게요. 걱정하지 마세요.

humidity 습도, 습함, 습기

195

It's **hot as hell**!

더럽게 덥네!

It's usually <u>hot</u> in the summer.

여름에는 보통 덥지요.

It's very **muggy** out today.

오늘은 밖이 엄청 후덥지근하네요.

The weather is absolutely **boiling**.

날씨가 펄펄 끓는데요.

I'm getting **roasted [sizzled]** outside!

(햇빛이 너무 강하고 더워서) 밖에서 구워지고 있어요!

It's not easy to **swelter** through this insane day.

이런 미친 날에 무더위에 시달리는 건 쉽지 않습니다.

Everything is **melting** out there!

(너무 더워서) 모든 게 다 녹아내리고 있어요!

I can feel the **heat wave** from inside the house.

집안에서도 폭염이 느껴져요.

There is no way to escape this **scorching** sun.

이 불볕(푹푹 찌는) 더위(해)를 피할 방법이 없네요.

What a **scorcher**!

푹푹 찌는 날이구먼!

Try to stay safe in this **blistering** heat.

(더워서 불편한) 이 지독한 더위 속에서 안전하게 지내도록 하세요.

It's **like an oven** out there!

밖이 뜨거운 오븐 속 같아! / 밖이 찜통이야!

Conversation

#1.

A   Oh, I am **sweltering**!

B   Tell me about it! It's **hot as hell** today.

> A   오, 더워 미치겠네!
> B   말해 뭐해! 오늘 정말 덥게 덥네.

#2.

A   The **heat wave** is insane this summer!

B   It surely is. I wish there is a way to escape the **scorching** sun.

A   I feel like my brain is **melting**! I can't think straight.

> A   이번 여름은 폭염이 엄청나네요! 미쳤나 봐요.
> B   확실히 그러네요. 불볕 더위를 피할 방법이 있으면 좋겠어요.
> A   뇌가 녹아내리는 것 같아요! 제대로 생각할 수가 없어요.

단어의 뉘앙스

insane
insane: '미친, 제정신이 아닌'을 뜻하지만 좀 더 격식 있는 어조
crazy: '미친, 제정신이 아닌'을 뜻하는 가장 일반적인 단어
deranged: 의학용어로 '(정신병으로 인해) 행동이 정상적이지 않은, 미친, 실성한'
lunatic: '미쳐 날뛰는, 광적인, 통제 불가능한', '미치광이, 또라이(상대방을 무시하는 어투)'

52 좋은/온화한 날씨

● 쿨한 영어   ● 일상 영어   ● 일상 영어 idiom   ◼ 가장 무난해요   ● 매너 영어

It is a **cloudless sky** today.

오늘은 하늘에 구름 한 점 없네요.

I love the **refreshing air [atmosphere]** at dawn.

저는 새벽의 상쾌한 공기가 참 좋아요.

It's supposed to be **calm weather** all weekend.

주말 내내 온화한 날씨가 예상됩니다.

Let's take a walk in this **balmy weather**.

이렇게 날씨가 포근하니 산책하러 가요.

It's such an **ideal [perfect] weather** for an outing.

나들이 가기 딱 좋은 날씨네요.

It's a nice **breezy** morning.

산들바람이 부는 상쾌한 아침이네요.

What a fine [clear, good] day!

오늘 날씨가 참 좋네요!

The weather in my city is **temperate**.

제가 사는 도시는 날씨가 온화합니다.

Such a **clement weather** it is.

날씨가 참 화창하군요.

#1. ●

A What a **fine day** it is!

B I know! It's such **perfect weather** for an outing.

A That's a great idea.

> A 오늘 날씨 참 좋다!
> B 그러게! 나들이 가기 딱 좋은 날씨야.
> A 그거 좋은 생각이네.

#2. ●●

A I'm so excited for our trip! I hope the weather is on our side.

B It will be. The weather in that city is usually **cloudless** and **temperate**.

A How do you know so well? Have you been there?

B I used to live there. I loved the **refreshing air** in the morning.

> A 나는 우리 여행이 너무 기대돼요! 날씨가 우리 편이면 좋겠어요.
> B 그럴 거예요. 그 도시 날씨가 보통 구름 한 점 없고 온화하거든요.
> A 어떻게 그렇게 잘 아세요? 가 보신 적 있어요?
> B 거기서 살았거든요. 아침의 상쾌한 공기를 정말 좋아했어요.

● 쿨한 영어　● 일상 영어　● 일상 영어 idiom　🅾 가장 무난해요　● 매너 영어

You are getting too **clingy**.

너 너무 집착하고 있어.

I am **hooked** on …

내가 ~에 푹 빠져 있어.

I have a **fetish** about cleanliness.

제가 좀 청결에 집착해요.

You became too **fixated** on skin care products.

당신, 피부 관리 제품에 너무 집착하게 되었네요.

Stop being so **possessive** of everything!

모든 것에 그렇게 집착하지 마세요! / 왜 이렇게 독점욕이 센 거야!

She has an **attachment** issue.

그녀는 애착 문제가 있어요.

She is so <u>obsessed</u> with me!

그녀가 나한테 너무 집착해!

I was completely **preoccupied** with my own thoughts.

(생각에 너무 집착해) 제 생각에 정신이 팔려 있었어요.

I get easily **absorbed** in…

저는 ~에 쉽게 빠져들어요(몰두해요).

MP3 068

Conversation

#1.

A Hear me out! I saw Sky in downtown on the weekend, and she was following her ex-boyfriend.

B Wow. She has a serious **attachment** issue.

A She is getting too **clingy** and becoming **obsessed** with him.

A 내 말 들어 봐! 주말에 시내에서 스카이를 봤는데, 전 남자 친구를 미행하고 있더라고.

B 와, 걔 애착 문제가 심각하네.

A 걔가 점점 더 전 남자 친구에게 매달리면서 집착하고 있어.

#2.

A Jen? Jen? Can you hear me?

B Sorry, I was completely **preoccupied** with my own thoughts.

A Are you okay? You seem worn out.

B I am. I'm currently **hooked** on crochet and staying up all night doing it.

A 젠? 젠? 내 말 들려요?

B 죄송해요. 제가 생각에 정신이 팔려 있었어요.

A 괜찮으세요? 피곤해 보이는데요.

B 피곤하긴 해요. 지금 뜨개질에 푹 빠져서 밤새 하고 있거든요.

단어의 뉘앙스

follow

follow: 특정한 사람, 명령, 지시, 안내 등을 '따르다, 따라가다'를 뜻하는 가장 일반적인 단어

chase: (대상을 잡으려고 또는 부와 명예를 얻으려고) 뒤따라가다, 쫓다, 추적하다, 추구하다

trace: (흔적을 보고) 따라가다, 추적하다, 추적하여 밝혀내다

● 쿨한 영어   ● 일상 영어   ● 일상 영어 idiom   ◘ 가장 무난해요   ● 매너 영어

Don't get **cocky [fresh]**.

건방 떨지 마.

What a **smart-ass**.

건방진 녀석이네.

He is a **cheeky** bastard.

걘 건방진 놈이에요.

You are such a **wise guy [smart mouth]**.

(무분별, 잘난 체) 너 아주 건방지구나.

Don't get **uppity** on [with] me.

거만하게 굴지 마. / 나한테 건방 떨지 마.

Watch it. / **Watch yourself.**

(경고) 너 조심해.

What a **snob**!

고상한 척하는(건방진) 놈!

The **nerve of you**! / You **have a lot of nerve**!

어쩜 그렇게 뻔뻔한가요!

Don't **overstep your bounds**.

그 이상 선 넘지 마세요.

You are being **rude**.

무례하시네요.

I see you got a **saucy tongue**.

말투가 건방지구나.

Don't get smart [sassy] with me!

나한테 건방지게 굴지 마!

#1. ⬤◑

A **Watch it**. Don't get **uppity** on me.

B Well, it's all because you are a slacker.

A And you are not? You are such a **snob**.

B Whoa~ I see you got a **saucy tongue**.

> A 너 조심해. 나한테 건방 떨지 마라.
> B 음, 그게 다 네가 게으름뱅이라 그래.
> A 넌 아니고? 고상한 척하긴.
> B 워~ 너 말투가 상당히 건방지네.

#2. ⬤

A Wow, you **have a lot of nerve** showing up here.

B Stop being **rude**! This is not your house or anything.

> A 와, 여기에 나타나다니 참 뻔뻔하시네요.
> B 무례하게 굴지 마시죠! 여기가 당신 집도 뭐도 아닌데 말이죠.

slacker 게으름뱅이

55 만족

● 쿨한 영어 ● 일상 영어 ● 일상 영어 idiom ◻ 가장 무난해요 ● 매너 영어

I'm very **content**.

(기쁜 만족감) 전 정말
만족스러워요.

She is quite **happy** with her meal.

그녀는 식사에 매우
만족합니다.

I am satisfied with my shopping spree.

흥청망청 쇼핑해서 만족합니다.

I **haven't a care**.

근심 걱정이 없어요.
(그래서 만족합니다.)

I can **feel a glow of satisfaction [happiness]** from you!

당신에게서 만족감[행복감]이 느껴져요!

You look like a **happy camper**!

너 되게 만족스럽나 보다! /
아주 만족스러운 사람 같아
보여!

Looks like you **had a whale of a time**.

엄청 만족스러운(즐거운) 시간을 보낸 것 같네.

I am **as snug as a bug in a rug**.

(편안함) 매우 아늑하고
기분 좋은 상태예요.

I am **at peace**.

(만족스러워서) 마음이 편해요.

I am **gratified** by the results of my health check-up.

제 건강 검진 결과에 만족합니다.

#1. ●

A What's that grin on your face? You look like a **happy camper**.

B I had a really great day today. I was **happy** with my lunch and had a great time with my boyfriend.

A Seems like you **had a whale of a time**!

A 얼굴에 미소 뭐야? 되게 만족스럽나 보다.
B 오늘 정말 엄청 좋은 날이었어. 점심도 만족스러웠고 남자 친구랑도 좋은 시간 보냈어.
A 엄청 즐거운 시간 보낸 것 같네!

#2. ●●

A Hey, I can **feel a glow of satisfaction** from you! What happened?

B Yes, I was **gratified** by my friend's response I got with my surprise Christmas gift.

A I can see you are very **content**.

A 저기요, 당신한테서 만족감이 막 느껴져요! 무슨 일 있어요?
B 맞아요. 제 깜짝 크리스마스 선물을 받은 친구가 보인 반응이 만족스러웠거든요.
A 정말 만족스러운 것 같아 보이네요.

단어의 뉘앙스

grin
grin: '소리 내지 않고 활짝 웃다', 명사로 '씩 웃는 것'
laugh: 소리 내어 웃음
smile: 소리 내지 않고 방긋 웃음, 미소
giggle/chuckle: 작게 키득키득 웃음

● 쿨한 영어　　● 일상 영어　　● 일상 영어 idiom　　■ 가장 무난해요　　● 매너 영어

My neck [ass] is on the line.
내 모가지가 날아가게 생겼어.

…[am, is, are] in (deep/serious) trouble.
~가 (심각한) 곤경에 처했어요.

I am keeping this as a last resort.
(더 안 좋은 상황에 대비해) 이건 최후 수단으로 남겨 두고 있어요.

When will this vicious cycle end!
이 악순환은 도대체 언제 끝나는 거야!

I am in (way) over my head.
(자만했지만) 내게는 매우 벅찬 일이네요.

Things are not looking great for you.
당신에게 상황이 매우 불리하게 돌아가고 있어요.

I am on the horns of a dilemma.
(양쪽이 불리한) 양 갈래길에 서 있어요.

I am in deep water.
제가 지금 곤경에 처해 있어요.

This is only the tip of the iceberg.
(곤란한 일이 많음) 이건 빙산의 일각일 뿐이에요.

I am caught [stuck] between a rock and a hard place.
(양쪽이 불리한) 제가 지금 진퇴양난에 처해 있어요.

I am in a huge quandary.
제가 지금 큰 곤경에 처해 있어요.

Conversation

#1.

A You gotta make a decision by this week or you are going to be **in deep water**.

B I know, but the issues I have seem like the **tip of the iceberg**.

A You shouldn't say that! I put my **ass on the line** for you!

> A 너 이번 주까지 결정 내려야 해. 안 그럼 곤경에 처할 수도 있어.
> B 알아. 하지만 내게 있는 그 문제가 빙산의 일각 같단 말이지.
> A 그렇게 말하면 안 되지! 내가 지금 너 때문에 모가지가 날아가게 생겼는데!

#2.

A I am **in a huge quandary**. It seems like I was chasing rainbows all along.

B Well, you are **in trouble** only if you think you are.

A I'm serious! I was **in way over my head** with this project.

> A 제가 큰 곤경에 처해 있습니다. 여태 허상을 쫓고 있던 기분이에요.
> B 음, 그렇다고 생각한다면 곤경에 처해 있는 거겠지요.
> A 진짜예요! 자만했지만 이 프로젝트가 제게 너무 벅찼어요.

● 쿨한 영어　● 일상 영어　○ 일상 영어 idiom　▣ 가장 무난해요　● 매너 영어

Don't be a hassle.

성가시게 좀 하지 마. /
들볶지 좀 마.

Get a life!

(성가신 행동에) 철 좀 들어라!

You are acting a bit pesky today.

너 오늘 좀 귀찮게(성가시게) 군다.

You are really trying my patience.

진짜 내 인내심을 시험하는구나.

Can you give me some space?

좀 떨어져 줄래?

Mosquitoes are bothersome insects in summer.

모기는 여름에 지겨울 정도로 성가신 곤충이에요.

I am annoyed [irritated].

(성가셔서) 짜증이 나요. /
거슬려요.

You really know how to push my buttons.

넌 내 신경을 참 잘도 건드린다. / 어떻게 해야 날 성가시게 하는지 잘 아는구나.

You are a pain in my neck!

너 진짜 사람 성가시게 하는구나!

You are winding me up.

네가 날 (살살 긁으며) 귀찮게 하고 있잖아.

You are rubbing me the wrong way.

(귀찮아서) 당신이 날 짜증나게 하고 있다고요.

Conversation

#1.

A My son is being a **hassle** today!

B Is he **trying your patience** again?

A I swear he really knows how to **push my buttons**.

> A 아들이 오늘따라 날 들들 볶네!
> B 또 네 인내심을 시험하고 있어?
> A 맹세컨대 걘 정말 어떻게 해야 내 신경을 건드리는지 잘 아는 것 같아.

#2.

A What is with you? You are **irritating** me.

B I can be a little **pesky** today.

A Then I need you to **give me some space** today.

> A 대체 뭐예요? 진짜 사람 거슬리게 하시네요.
> B 오늘 제가 좀 귀찮게 할 수도 있어요.
> A 그럼 오늘은 제게서 조금 떨어져 주세요.

단어의 뉘앙스

swear
swear/vow: (진실만을 말하거나 행동하겠다고 공개적으로 굳게) 맹세하다
promise: '반드시 하겠다고 말하다, 약속하다'를 뜻하는 가장 일반적인 단어
pledge: (정식으로 진지하게) 서약하다, 서약

Easy peasy (lemon squeezy)!
(말장난 같은 느낌으로) 껌이지! / 엄청 쉽지!

It's so easy!
너무 쉬워요!

It's foolproof.
누구라도 해낼 수 있어요. /
바보도 할 수 있어요.

I can do it with my eyes shut [closed].
눈 감고도 할 수 있어요.

Anyone can do it.
(쉬워서) 누구나 다 할 수 있는 거예요.

Everything is crystal clear.
(설명이 쉬움) 모든 게 명명백백해요. / 모든 걸 이해했어요.

You can do it in your sleep.
자면서도 할 수 있어요.

It is as easy [simple] as ABC.
(간단해서) 대단히 쉬워요.

It's child's play.
(너무 쉬움) 이건 애들 장난이지.

It's a piece of cake!
식은 죽 먹기예요!

It's a walk in the park!
너무 쉬운 일이에요!

It's not rocket science.
엄청 어려운 것도 아니야. / 간단한 거야

It doesn't take much effort to do it.
(쉬워서) 노력도 많이 필요하지 않아요.

There's nothing to it.
아주 쉬워요. /
(쉬워서) 아무것도 아니에요.

Conversation

#1.

A   I feel like it's going to be hard to assemble that chair.

B   It has a **foolproof** manual! **Anyone can do it.**

A   It's that **easy peasy**?

> A   저 의자 조립하는 게 힘들 것 같아.
> B   설명서가 바보도 할 수 있을 만큼 쉬워! 누구나 다 할 수 있어.
> A   그렇게나 쉽다고?

#2.

A   Do you think I can do this?

B   Yes, it's **child's play** compared to other programs.

A   Do you really believe **there is nothing to it**?

B   Definitely. It's **not rocket science.**

> A   이걸 제가 할 수 있을 것 같으세요?
> B   네, 다른 프로그램에 비하면 이건 애들 장난이죠.
> A   진짜 아무것도 아니라고 생각하시는 거예요?
> B   그렇다니까요. 간단한 거예요.

---

assemble 조립하다   **compared to** ~과 비교해서

59 어려움/힘듦

● 쿨한 영어 ● 일상 영어 ● 일상 영어 **idiom** ◘ 가장 무난해요 ● 매너 영어

It's a bit **tricky**.
약간 어려워(헷갈려).

It's **not the easiest**...
~가 쉽지는 않아요.

I **had a hard [rough] time** of it.
(힘들어서) 아주 고생했어요. / 엄청 욕봤어요.

I **struggle** with ...
전 ~하는 게 힘들어요.

It's quite **tough** at times.
가끔은 꽤 힘들어요.

It's **nearly [nigh on] impossible**!
(힘들어서) 거의 불가능해요!

He has a **backbreaking** job.
(육체적으로 힘든) 그는 힘든 일을 해요.

It's a little difficult [hard].
좀 어렵죠[힘들죠].

I **find it hard to** ...
~하는 게 어렵게 느껴져요.

It's **not for the faint-hearted**.
(힘들어서) 용기 없는 자들이 해 볼 만한 건 아니죠.

I'm **grasping at straws** here!
(상황이 힘들어서) 지금 지푸라기라도 잡는 듯한 심정이에요!

The project was very **arduous**.
프로젝트가 매우 고됐어요.

The work is **beyond my ability**.
이 일은 제 능력 밖입니다.

That course is quite **demanding**.
(힘들어서 노력이 필요한) 그 강좌는 꽤나 어려워요(까다로워요).

Conversation

#1.

A Hmm. This is really **tricky**. It's **not the easiest** table to assemble.

B You should have asked me first! I learned how to do it after I **had a hard time** last year.

> A 흠. 이거 좀 어렵네. 조립하기 쉬운 테이블은 아니야.
> B 나한테 먼저 물어보지 그랬어! 작년에 만드느라 힘들어서 어떻게 하는지 배웠는데.

#2.

A You seem to be **struggling** with that!

B Can you help me? I'm **grasping at straws** here!

A It seems to be **beyond my ability** as well, but let me try.

> A 그것 때문에 힘드신 것 같아요!
> B 저 좀 도와줄 수 있어요? 지금 지푸라기라도 잡는 듯한 심정이에요!
> A 저한테도 능력 밖인 것 같기는 하지만, 한번 해 볼게요.

단어의 뉘앙스

ability
ability: '능력, 재능'을 뜻하는 가장 일반적인 단어
capability/competence: (역할을 수행해 낼 수 있는) 능력 → 역량
talent: 타고난 능력, 재능, 재주
gift: (선천적으로 타고난) 재능
proficiency: (지속적인 노력을 통해서 얻어진 전문적인) 능력 → 숙달, 능숙

60 좋음

I dig it.

좋네. / 괜찮네.

Right on!

좋았어!

I'm really into you.

(관심이 많은) 너에게 푹 빠졌어.

I can't get enough of…

(좋아서) 아무리 ~해도 질리지가 않아요 / ~가 싫증이 안 나요.

I'm infatuated with…

~에 푹 빠졌어요.

I'm crazy [mad] about…

~에 푹 빠져 있어요.

I am a fan of it.

열렬한 팬이에요 / 완전 좋아해요.

I like [love, adore, enjoy]…

저는 ~를(하는 것을) 좋아합니다[즐깁니다].

I prefer my coffee with milk.

전 우유가 들어간 커피를 더 좋아해요.

They are very fond of sweets.

그들은 단것을 매우 좋아합니다.

I take delight in helping others.

저는 남을 도와주는 걸 좋아합니다.

Conversation

MP3 **075**

#1.

A I **love** that outfit on you!

B Me too. I'm **digging it** as well.

A I knew you were **crazy about** spangles, but that's a lot of it.

> A 네가 입은 그 옷 너무 맘에 든다!
> B 나도. 나도 이게 너무 좋아.
> A 네가 스팽글을 좋아하는 건 알았지만, 많긴 하다.

#2.

A I am **fond of** hosting parties. I really **enjoy** planning it.

B I am **a fan of** your parties! I really **liked** the Christmas party last year.

A I'm glad that you **liked** it. I **prefer** hotel parties over pool parties, so the party this year will be at the hotel.

> A 전 파티 여는 것을 좋아해요. 파티를 어떻게 열까 기획하는 것을 정말 즐기죠.
> B 제가 당신이 여는 파티의 팬이잖아요! 작년 크리스마스 파티가 정말 좋았어요.
> A 좋으셨다니 기쁘네요. 전 수영장 파티보다 호텔 파티를 더 선호해서 올해 파티는 호텔에서 열릴 예정입니다.

spangle 스팽글, 반짝이는 얇은 조각   **host a party** 파티를 주최하다

● 쿨한 영어   ● 일상 영어   ● 일상 영어 idiom   ◘ 가장 무난해요   ● 매너 영어

What a turn-off!

(너무 싫어서) 웩, 매력(재미) 없어!

It sucks!

별로야! / 뭣 같네!

...is **not my style [thing].**

~는 내 스타일[취향] 아니야.

I don't like [hate]...

전 ~ 안 좋아해요 [싫어해요].

I can't stand [bear]...

(싫어서) ~는 참을 수가 없어요.

It's not unusual for cats to **dislike** dogs.

고양이가 개를 싫어하는 게 드문 일은 아니죠.

You can keep...

(싫으니까) ~는 너나 가져.

I'm going to **take a hard pass.**

(단호함) 절대적으로 싫어.

I am **not a big fan.**

아주 그렇게 좋아하지는 않아요.

It is **not my cup of tea.**

제 취향은 아니네요.

I just **hate the sight of...**

~가 그냥 꼴도 보기 싫어요.

I seriously **hate his guts.**

나 진심으로 그 남자가 뼛속까지 싫어.

I **have no stomach for** it.

그게 마음에 안 내키네요 / 그거 할 배짱이 없어요.

#1. ⬤⬤

A I just **can't stand** his gross breath! It's such a **turn-off**.

B I know. He hits on everyone he sees, and he is so **not my style**.

A Yuk. I'm gonna **take a hard pass** as well.

> A 그 사람 입 냄새, 나는 못 참겠어! 진짜 매력 꽝이야.
> B 그러게. 만나는 사람에게 다 작업 걸거든. 정말 내 스타일은 아니야.
> A 웩. 나도 절대적으로 싫어.

#2. ⬤

A Would you like to try this deep-fried grasshopper?

B Hmm. No thank you. It is **not my cup of tea**.

A I used to **have no stomach for** it, but it's my favorite snack now.

> A 튀긴 메뚜기 한번 드셔 보실래요?
> B 음. 괜찮습니다. 제 취향은 아니에요.
> A 저도 예전에는 내키지 않았는데요, 지금은 제가 가장 좋아하는 간식이에요.

단어의 뉘앙스

gross
gross: (매우 더럽게) 끔찍한, 역겨운
disgusting: (더럽거나 역겨워서) 끔찍한, 혐오스러운
terrible: 매우 나쁘거나 싫거나 또는 불쾌한 감정을 표현하는 '끔찍한, 지독한'의 의미로 가장 일반적인 단어
awful/horrible: terrible과 뜻은 같지만, 비격식체 어감

● 쿨한 영어   ● 일상 영어   ● 일상 영어 idiom   ◘ 가장 무난해요   ● 매너 영어

No hard feelings.

(서로) 감정 상하지 않기로 해. / 난 악의 없어.

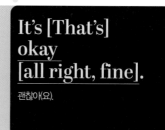

It's [That's]
okay
[all right, fine].

괜찮아(요).

No stress [problem].

(문제없으니) 괜찮아요 /
난 괜찮으니 걱정 마.

That's fair [good] enough.

(생각·제안이) 그 정도면
괜찮네[충분해].

It's tolerable.

(좋지는 않지만) 참을 만해요.

Nothing in particular!

(질문에 대답) 딱히 없어요.

It doesn't matter.

(이쪽 저쪽) 상관없어요. /
괜찮아요.

I'm going to stay out [take no part] of it.

(중립 태도) 전 그거에는
관여 안 할 거예요.

They are right in different ways.

(양쪽 다 맞음) 다른 면에서는
그들이 다 옳아요.

I will not take sides.

난 누구 편도 들지 않을 거야.

That sounds adequate.

그거면 충분할 것 같습니다.

Conversation

#1.

A   Hey. **No hard feelings**, but I am **not going to take sides**.

B   **No problem**! We won't make you.

> A   저기. 난 악의가 없지만 누구 편도 들지는 않을 거야.
> B   괜찮으니 걱정하지 마. 그렇게 만들지 않을게.

#2.

A   I am going to **stay out of** this argument.

B   It **doesn't matter**. We are **right in different ways**.

A   That sounds **adequate**.

> A   전 이 논쟁에 관여 안 할 거예요.
> B   상관없습니다. 다른 면에서 보면 우리 둘 다 옳으니까요.
> A   그거면 충분할 것 같습니다.

argument 논쟁, 언쟁, 말다툼, 주장

63 흥분/동요

● 쿨한 영어 ● 일상 영어 ● 일상 영어 idiom ◼ 가장 무난해요 ● 매너 영어

What are you so **hyped [pumped] up** about?

(기대에 찬 사람에게) 무슨 일로 그렇게 흥분했어요(신났어요)?

Why are you so **worked up**?

(화난 사람에게) 왜 그렇게 흥분했어요?

I'm **super stoked [excited]**!

나 완전 신내(흥분)돼!

I am so **charged up**, I can't sleep!

너무 흥분된 상태라 잠을 잘 수가 없어!

You seem **shook [shaken] up**.

(동요해서) 당신 충격 받은 것 같아 보여요.

I can feel your **excitement**.

당신이 흥분한 것 (신나는 마음)이 느껴지는데요.

There is no need to be so agitated.

그렇게 동요할 필요 없어요.

I'm **on the edge of my seat**.

(초조함) 저 지금 흥분 상태예요.

Conversation

#1. ●

A   My goodness! I am **super stoked**!

B   What are you so **pumped up** about?

A   I am off to Paris on the weekend with Parker.

> A   맙소사! 나 완전 신나!
> B   뭐 때문에 그렇게 흥분했어?
> A   주말에 파커랑 파리에 간다니까.

#2. ●

A   You look **shaken up**. Are you okay?

B   I know there is no need to be so **agitated**, but I just saw a cockroach.

> A   충격 받은 것 같아 보여요. 괜찮으세요?
> B   그렇게 동요할 필요 없다는 건 아는데, 제가 방금 바퀴벌레를 봤어요.

be off to ~로 떠나다   **cockroach** 바퀴벌레

64 오해/오인/착오

● 쿨한 영어　　● 일상 영어　　● 일상 영어 idiom　　■ 가장 무난해요　　● 매너 영어

I'm sorry I **caused [created] confusion** for you.

혼선(오해)을 초래해 죄송합니다.

This is just a huge misunderstanding.

이것은 그저 큰 오해일 뿐이에요.

That's **not my point.**

(오해한 당사자에게)
제 말의 요지는 그게 아니에요.

You are **missing the point.**

요점은 그게 아닙니다.

Looks like we **got our wires crossed.**

우리가 서로 오해를 한 것 같군요.

He **got hold of the wrong end of the stick.**

그는 완전히 착각했어요.

I **cannot make head(s) or tail(s) of**…

(착오가 있어) ~의 갈피를 못 잡겠어요 /
뭐가 뭔지 모르겠어요.

Seems like we are **talking at cross-purposes.**

(헷갈림) 우리가 서로 동문서답하고 있는 것 같아요.

We **are at cross-purposes.**

(무의식 중에) 서로 오해하고 있네요.

Conversation

#1. ⬤

A   Well, that was really confusing.

B   I'm sorry I **caused confusion** for you.

A   It's okay. It was just a **misunderstanding**.

> A   음, 정말 혼란스러웠어.
> B   혼선을 초래한 것 같아 미안하네.
> A   괜찮아. 그냥 오해한 건데 뭐.

#2.

A   Huh? I **cannot make heads or tails of** this conversation.

B   Seems like we are **talking at cross-purposes**.

> A   음? 저 이 대화의 갈피를 못 잡겠어요.
> B   우리가 서로 동문서답하고 있는 것 같아요.

confusing 혼란스러운

CHAPTER

3

문어체 vs. 구어체 표현의 차이

구어체와 문어체의 차이

구어체(spoken language)는 입으로 말하는 대화 상황에서 사용하는 표현을 뜻합니다. 반면에 문어체(written language)는 글을 쓸 때 사용하는 표현을 뜻하죠. 우리말도 말로 표현할 때와 글로 표현할 때 어투가 다른 것처럼, 영어도 구어체 상황과 문어체 상황에서 사용하는 표현이 다른 경우가 많습니다.

구어체 안에서도 슬랭이나 비속어를 사용한 상대적으로 격식이 떨어지는 표현들과 존칭조의 격식 표현이 있는 것처럼, 문어체에서도 가까운 친구, 동료와의 이메일이나 문자 메시지 같은 구어체와 비슷한 어투의 격식이 중요하지 않는 표현들도 있고 비즈니스 리포트, 공식 문서, 법률 문건, 연구 논문처럼 전문적인 정보를 전달하는 격조 높은 표현들도 있습니다.

이 챕터에서는 일상 생활 대화에서 많이 사용하는 구어체 표현과 전문적인 정보를 다루는 격조 높은 문어체 표현들에 집중해서 차이점을 비교하려고 합니다. 일반적으로 구어체 표현들은 쉽고 빠른 정보 전달을 중요시하기 때문에 쉬운 어휘를 사용하거나 축약 표현이 빈번히 사용되는 반면에, 문어체 표현들은 글만으로 정확한 메시지 전달이 필요하기 때문에 상황에 가장 부합하는 정확한 뉘앙스의 단어를 사용해야 하며, 축약형 없는 완전한 구조의 문장 형태로 표현하는 것을 선호합니다.

그러면 지금부터 영어의 구어체 표현과 문어체 표현에는 과연 어떤 차이가 있는지 함께 자세히 살펴볼까요?

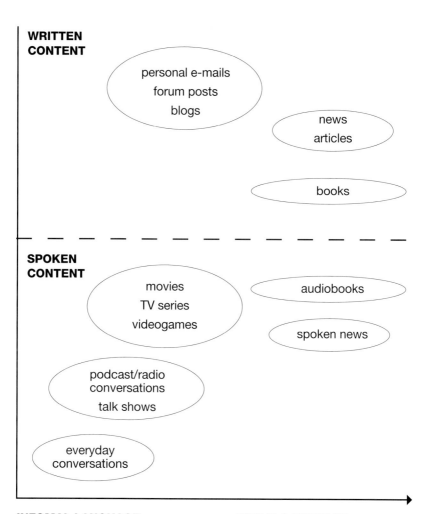

WRITTEN CONTENT

personal e-mails
forum posts
blogs

news
articles

books

SPOKEN CONTENT

movies
TV series
videogames

audiobooks

spoken news

podcast/radio
conversations
talk shows

everyday
conversations

INFOMAL LANGUAGE :
- conversational 대화의
- improvised 즉석의
- simple sentences 단순한 문장

FOMAL LANGUAGE :
- official 공식적인, literary 문학의,
  academic 학술적인
- edited 교정 편집된
- complex sentences 복잡한 문장

구어체와 문어체의 다른 어휘 사용

1. 일반적인 의미의 구어체와 구체적인 상황을 표현하는 문어체 단어의 차이

구어체에서는 익숙하고 보편적인 의미의 단어들을 선호하지만, 문어체에서는 문장 안에서 의미하고자 하는 뉘앙스를 정확하게 표현하는 단어들을 씁니다. 다음의 구어체와 문어체 단어들의 차이를 확인해 보세요.

구어체 단어	문어체 단어
ask 묻다	inquire 묻다 enquire 문의하다 query 문의하다
boss 상사, 사장님	employer 고용주, 고용인
build 세우다	develop 개발하다 establish 설립하다 construct 건설하다
buy 사다	purchase 구입하다
chance 기회	opportunity (노력해서 얻은) 기회
check 살피다, 확인하다	verify 입증하다 inspect 검사하다
dead 죽은	deceased 사망한
enough 충분한	sufficient (필요한 만큼) 충분한
finish 끝내다, 끝마치다	complete 완료하다 conclude (공식적으로) 끝내다, 마무리하다 terminate (완전히) 끝내다, 끝마치다, 종료하다
fall 내리다, 떨어지다	descend 내려오다, 하강하다
get 얻다	receive 받다, 수령하다 obtain (노력하여) 얻다, 획득하다 acquire 습득하다, 취득하다
give 주다, 전하다	impart (정보, 지식 등을) 전하다 provide 제공하다 supply 공급하다
go 가다	leave 떠나다, 출발하다 depart (여행을) 떠나다
hide 숨기다	conceal 감추다, 숨기다 disguise 위장하다
help 돕다, 도와주다	assist 돕다, 도움이 되다
job 일, 직업	occupation 직업 profession (전문적인) 직업 vocation 천직, 직업 의식
keep 유지하다	retain (계속) 유지하다 preserve (좋은 상태로) 유지하다, 보존하다

구어체 단어	문어체 단어
last 마지막의, 최후의	final (공식적으로) 마지막의, 최종적인
live 살다	reside 거주하다 inhabit (특정 지역에) 살다, 서식하다 survive 생존하다
need 필요로 하다	require 요구하다 be indicated 권고되다
place 장소	location (~이 일어나는) 장소
rise 오르다	ascend 오르다, 상승하다
say 말하다	state (공식적으로) 말하다 mention 언급하다 declare 선언하다 announce (공식적으로) 발표하다
see 보다	watch (시간과 관심을 기울이며) 보다 observe 관찰하다 monitor 추적 관찰하다
send 보내다	deliver 배달하다 transmit 전송하다 dispatch (특별한 목적을 위해) 보내다, 파견하다, 발송하다
show 보여주다	demonstrate (상세하게) 보여주다, 설명하다 display 전시하다, 진열하다 exhibit 전시하다
start 시작하다	begin 시작하다 commence (정식으로) 시작하다 initiate 개시하다, 착수시키다
stop 멈추다	cease 중단되다, 중단시키다 halt (행동 또는 진행을) 멈추게 하다
tell 말하다, 알려주다	inform (공식적으로) 알리다, 정보를 주다 notify 통보하다, 통지하다
try 시도하다	endeavor (결과 성을 다해서) 시도하다, 노력하다
use 이용하다	utilize 활용하다 consume 소비하다, 소모하다
want 원하다	desire (간절히) 원하다 crave 열망하다 yearn 동경하다
way 방법, 길	method (구체적인) 방법 manner (일의) 방식
write 쓰다, 적다	describe (상세히) 적다, 설명하다

2. 구어체에서 여러 단어로 쓰는 숙어 표현들이 문어체에서는 한 단어로

구어체 영어에서 쓰는 여러 단어로 이루어진 구동사나 이디엄 등의 숙어 표현들은 문어체 영어에서는 간결하게 한 단어로 표현합니다. 아래에 있는 구어체 표현들이 문어체에서는 어떻게 한 단어로 표현되는지 확인해 보세요.

구어체 단어	문어체 단어	의미
a lot of / lots of	many / much	많은
ask for	request	요청하다
blow up	explode	폭발하다
bring about	cause	야기하다, 유발하다
break down	collapse / destroy	무너지다, 부서지다
come about	happen	생기다, 일어나다
come across / bump into	encounter	맞닥뜨리다, 접하다
carry out	conduct / execute	수행하다, 실행하다
deal with	handle	다루다, 처리하다
find out	discover	발견하다, 알아내다
figure out	understand / discover	이해하다, 알아내다
get to	arrive / reach	도착하다, 도달하다
get in touch with	contact	연락하다, 접촉하다
go in	enter	들어가다
go on	continue / keep	계속되다, 지속되다
go down	decrease / descend / reduce	내려가다, 줄다
go up	increase / ascend	오르다, 늘다
have to do with	relate (to)	~와 연관되다, 관련되다
hold on / hang on	wait	기다리다
look for	seek	찾다

구어체 단어	문어체 단어	의미
look into	examine	조사하다, 살피다
look up to	respect	존경하다, 존중하다
look down on	belittle / despise / scorn	깔보다, 멸시하다
leave out	omit / exclude	생략하다, 배제하다
make out	understand	이해하다
put off	postpone	연기하다, (날짜를) 미루다
put up with	endure / stand / tolerate	참다, 견뎌내다
ring up	call	전화하다
run away	escape	도망치다, 도주하다
set up	establish	설립하다
stand up	rise	일어서다
start again	resume	다시 시작하다
show up	present	나타나다
think over	consider / deliberate	숙고하다

구어체 영어의 축약 또는 생략 표현 활용

구어체 영어에서는 빠른 정보 전달을 위해서 문장 안의 특정 단어를 줄여 쓰거나 생략하고 말할 수 있습니다. 하지만 문어체 영어에서는 이러한 표현들을 줄이지 않고 있는 그대로 정확하게 표기하는 것이 더 일반적입니다.

구어체 표현	문어체 표현	의미
I'm in charge of this project.	**I am** in charge of this project.	저는 이 프로젝트의 책임자입니다.
You're / They're correct.	**You are / They are** correct.	당신이/그들이 맞습니다.
He's / She's / It's great.	**He is / She is / It is** great.	그는/그녀는/그것은 훌륭합니다.
Tom's already done his work.	**Tom has** already done his work.	톰은 자기 일을 이미 끝냈습니다.
They've visited this place.	**They have** visited this place.	그들은 이 장소에 방문한 적이 있습니다.
He felt that **he'd been** unjustly treated.	He felt that **he had been** unjustly treated.	그는 부당하게 대우받았다는 생각이 들었습니다.
It **isn't** possible.	It **is not** possible.	그것은 불가능합니다.
I **can't** work today.	I **cannot** work today.	저는 오늘 일할 수 없습니다.
We **won't** be able to do this.	We **will not** be able to do this.	우리는 이것을 할 수 없을 거예요.

구어체 표현	문어체 표현	의미
The **woman you** met yesterday was here.	The **woman whom you** met yesterday was here.	당신이 어제 만났던 그 여자가 여기 있었습니다.
The **house we** built last year has sold out.	The **house which we** built last year has sold out.	우리가 작년에 지은 집이 팔렸습니다.
We **realize this** proposal is valid.	We **realize that this** proposal is valid.	우리는 이 제안이 타당하다는 것을 알고 있습니다.
Been there, **done** that.	**I have been** there, **and I have done** that.	저는 거기 가 봤고, 그걸 해 봤습니다.

1

그리고, 그다음에

'and' 또는 'also'

MP3 080

단어, 구, 절, 문장 사이에 쓰여서 앞의 의미와 연계된 정보를 제공하는 '그리고'를 뜻하는 접속사 and는 여러 문장을 계속해서 이어서 말하는 구어체 영어에서는 문장과 문장 사이에서 여러 번을 사용해도 괜찮습니다.

하지만 문장과 문장 사이를 확실하게 마침표로 분리해 놓은 문어체에서는 이어지는 여러 문장 맨 앞에서 and만을 사용할 경우에는 지나치게 격식이 떨어져 보이거나 흐름이 부자연스러워 보입니다. 이때는 and와 같은 의미를 가진 다양한 종류의 '접속부사'를 활용하면 보다 자연스러운 문장 표현을 만들 수 있습니다.

구어체에서 '그리고'	문어체에서 '그리고'
And (then) 그리고, 그리고 나서	**Also** 또한, 그리고
Plus 추가로, 게다가	**Besides** 게다가, 더욱이
…as well / too 그리고 ~도 또한	**Additionally / In addition** (격식) 게다가, 추가로
To make matters worse 설상가상으로	**Furthermore / Moreover** (매우 격식) 더욱이, 뿐만 아니라

And (then) 그리고, 그러고 나서

I gave you the item, **and** you gave me some money.
나는 너에게 제품을 줬고, 넌 나에게 돈을 줬어.

He finished his homework, **and then** he worked out at the gym.
그는 숙제를 끝내고 나서 체육관에서 운동을 했다.

➕ 친구나 직장동료에게 격식 없는 이메일이나 문자 메시지를 보낼 때 And 를 접속부사처럼 써서 마침표 뒤에 쓸 수도 있습니다. 이 경우에 보통은 And 뒤에 쉼표를 찍지 않습니다.

She gave a speech to her students. **And** her speech created a great impression on them.
그녀는 자기 학생들에게 연설을 했다. 그리고 그 연설은 학생들에게 큰 감동을 주었다.

Plus 추가로, 게다가

I've got a new job. **Plus**, I've started dating her.
새로운 직업도 구했고, 게다가 그녀와 데이트도 시작했지.

... as well / too 그리고 ~도 또한

I want to go to the party. He wants to go to the party **as well / too**.
나는 파티에 가고 싶어. 그리고 그 또한 파티에 가고 싶어 해.

To make matters worse 설상가상으로

➕ To make matters worse는 원래 안 좋은 상황에서 더 안 좋은 상황으로 변해갈 때의 '그리고'를 뜻합니다.

I just left my wallet on the bus. **To make matters worse**, heavy rain is pouring down now.
방금 버스에 지갑을 놓고 내렸어. 그리고 설상가상으로 지금 비가 엄청 많이 내려.

Also 또한, 그리고

She is a famous singer in India. **Also**, she is well known as an actress. (= She is **also** well known as an actress.)

그녀는 인도에서 유명한 가수야. 또 배우로도 잘 알려져 있지.

Besides 게다가, 더욱이

I don't want to go outside. **Besides**, it is raining now.

밖에 나가고 싶지 않아. 게다가 지금 비도 와.

Additionally / In addition

(격식) 게다가, 추가로

This house is not far from my company. **Additionally / In addition**, it is close to my parents' house.

이 집은 회사에서 멀지 않아요. 게다가 부모님 댁과도 가까워요.

Furthermore / Moreover

(매우 격식) 더욱이, 뿐만 아니라

In order to get into the graduate program, they had to pass many tests. **Furthermore / Moreover**, they had to do an interview with several professors in the department.

대학원에 진학하기 위해서 그들은 많은 시험을 통과해야 했어요. 뿐만 아니라 학과의 여러 교수님들과 인터뷰를 해야만 했지요.

그러나, 하지만

'but' 또는 'however'

MP3 081

문장과 문장 사이에 쓰여 앞의 의미와 대조되는 정보를 제공하는 접속사 but은 구어체 영어에서 많이 쓰입니다. 하지만 문어체 영어에서 앞 문장과 대조되는 메시지를 전달할 때 문장 맨 앞에서 but만 계속 사용하면 지나치게 격식이 떨어져 보이거나 흐름이 부자연스러워 보입니다. 이때는 however 등의 다양한 종류의 '접속부사'를 활용하면 보다 자연스러운 문장 표현을 만들 수 있습니다.

구어체에서 '그러나'	문어체에서 '그러나'
But 그러나, 하지만	**However** 그러나, 하지만
…though 그렇지만, 그런데, 그래도	**In contrast / On the contrary** 그에 반해서, 대조적으로
Yet 그렇지만, 그런데도	**Conversely** (격식) 역으로, 정반대로
On the other hand 반면에, 한편으로는	**Nevertheless / Nonetheless** (격식) 그렇기는 하지만, 그럼에도 불구하고
That (being) said / Having said that / Still 그렇긴 하지만, 그렇다고 하더라도	**Notwithstanding** (격식) 그렇기는 하지만, 그래도
	Whereas/While 주어+동사 ~가 …한 반면에

But 그러나, 하지만

Some students in this class study very hard, **but** the others don't.
이 수업의 일부 학생들은 공부를 매우 열심히 하죠. 하지만 나머지 학생들은 안 그래요.

I gave you the item, **but** you gave me nothing.
난 너에게 그 제품을 줬어. 하지만 넌 나에게 아무것도 안 줬어.

+ 친구나 직장 동료에게 격식 없는 이메일이나 문자 메시지를 보낼 때 but을 접속부사처럼 써서 마침표 뒤에 쓸 수도 있습니다. 이 경우에는 보통 but 뒤에 쉼표를 찍지 않습니다.

She gave a speech to her students. **But** her speech did not create any impression on them.
그녀는 자기 학생들에게 연설을 했다. 그러나 그녀의 연설은 학생들에게 어떤 감흥도 주지 못했다.

...though (문장 끝에 와서) 그렇지만, 그런데, 그래도

+ though가 문장 마지막에 쓰일 때는 구어체에서 but과 비슷하게 '그렇지만'이나 '그런데', '그래도'의 의미입니다.

I already ate some bread. I am still hungry, **though**.
(= I already ate some bread, **but** I am still hungry.)
이미 빵을 좀 먹었어요. 하지만 여전히 배고파요.

I love my job. Sometimes it is extremely busy, **though**.
난 내 일이 좋아. 가끔씩 미친듯이 바쁘긴 하지만 말이야.

It wasn't helpful a lot. But thanks, **though**.
도움이 많이 되진 않았어요. 하지만 그래도 (어쨌든) 고마워요.

USEFUL TIP

though가 '주어+동사' 앞에서 쓰이면 '비록 ~하지만, ~하더라도'를 의미하는 접속사입니다.

Anna trusts Tom, **though** he sometimes tells her a lie.
비록 톰이 가끔씩 애나에게 거짓말을 하기는 하지만, 애나는 톰을 믿어요.

Yet 그렇지만, 그런데도

+ yet이 문장 맨 앞에서 접속사 또는 접속부사로 쓰일 때 '그렇지만', '그런데도'를 뜻합니다. 그런데 이 yet은 but과 미묘하지만 중요한 차이가 있습니다. 첫째, yet은 but보다 좀 더 격식 있는 문체라서 문어체에서도 자연스럽게 쓰일 수 있습니다. 둘째, but은 앞 내용에 대한 반대 어조의 의견으로 해석하면 되지만, yet은 단순한 반대 어조가 아니라 그렇게 하기를 기대했는데 그렇게 하지 않아서 놀랍거나 당황스럽거나 혹은 아쉽다는 주관적인 '견해'가 들어가 있습니다. 그래서 but보다 더 강한 어조로 표현할 때 쓰입니다.

Erica wants to be a pianist, **but** she never practices.
에리카는 피아니스트가 되고 싶어 해. 하지만 연습은 전혀 안 해.
(단순히 앞 문장의 반대 내용 제시)

Erica wants to be a pianist, **yet** she never practices.
에리카는 피아니스트가 되고 싶어 해. 하지만 연습을 전혀 안 해.
(기대와 다르게 연습을 안 하니 이해할 수 없다는 느낌을 내포)

USEFUL TIP

yet이 동사 뒤에서 쓰일 때는 '아직'을 뜻하는 부사로 쓰입니다.

I have not done my homework **yet**, so I need to do it right away.
숙제를 아직 안 끝냈으니 당장 해야겠네.

+ 구어체 영어에서는 yet 대신에 and yet으로 문장 맨 앞에 쓰여 화자의 주관적인 견해가 들어 있는 대조되는 의견을 강하게 표현할 수 있습니다.

No one wants to die. Even people who want to go to heaven don't want to die to get there. **And yet**, death is the destination we all share. No one has ever escaped it. And that is as it should be because death is very likely the single best invention of Life. It is Life's change agent. It clears out the old to make way for the new. Right now, the new is you, but someday not too long from now, you will gradually become the old and be cleared away. Sorry to be so dramatic, but it is quite true."
Steve Jobs(1955~2011)의 스탠퍼드대 졸업 연설 중

아무도 죽고 싶어 하지 않아요. 천국에 가고 싶어 하는 사람들조차 그곳에 가려고 죽고 싶어 하지 않아요. **그렇지만 죽음은 우리 모두가 어쩔 수 없이 당면해야 하는 도착지예요.** 지금까지 아무도 죽음을 피하지 못했죠. 그리고 그것은 당연히 그래야 하

는 것이죠. 죽음은 우리 삶의 최고 발명품일 가능성이 높기 때문이죠. 죽음은 삶을 변화시키는 요인입니다. 죽음은 오래된 것들을 제거하고 새로운 것을 위한 길을 열어줍니다. 지금 당장은 새로운 것이 여러분이지만, 지금으로부터 얼마 지나지 않은 언젠가에 여러분은 점차 오래된 것이 되고 없어지게 될 것입니다. 너무 극적으로 말해서 미안하지만, 이건 정말 사실입니다.

On the other hand 반면에, 한편으로는

➕ | on the other hand는 가벼운 어감이라 비즈니스 문서나 논문 같은 문어체 영어에서는 잘 쓰이지 않고 가벼운 대화체 영어에서 자주 쓰입니다.

Your team members were jacking around. **On the other hand**, my team members were busy working.
너희 팀원들은 농땡이만 피우고 있었어. 반면에 내 팀원들은 일하느라고 바빴지.

That (being) said / Having said that / Still
그렇긴 하지만, 그렇다고 하더라도

➕ | that (being) said, having said that, still은 문장 앞 부분에 놓여 앞에 언급한 내용과 반하는 이야기를 말하려고 할 때 쓰입니다.

I love you. **That (being) said / Having said that / Still**, I can't marry you.
널 사랑하지. 그렇다고 해도 너랑 결혼할 수는 없어.

She is very generous, **but that (being) said / having said that**, she won't accept their illegal behavior.
그녀가 매우 너그럽긴 해. 그렇다고 하더라도 그들의 불법 행위를 용납하지는 않을 거야.

문어체

However 그러나, 하지만

+ however는 문장 맨 앞에 있을 때는 마침표(.) 뒤에서 쓰이고, 문장 중간에서는 세미콜론(;), 문장 마지막에 올 때는 콤마(,) 다음에 쓰입니다.

He is famous in India. **However**, he is not famous in Japan at all.
그는 인도에서는 유명해요. 하지만 일본에서는 전혀 유명하지 않아요.

She went to bed early; **however**, she didn't get much sleep.
그녀는 잠자리에 일찍 들었어요. 하지만 잠을 많이 자지는 못했죠.

I am not hungry; I want to drink a cup of coffee, **however**.
저 배 안 고픕니다. 그런데 커피는 한 잔 마시고 싶습니다.

In contrast / On the contrary
그에 반해서, 대조적으로

+ 우리말로는 동일한 상황에서 쓸 수 있는 것 같지만, 문어체 영어에서 두 표현은 사용하는 상황이 다릅니다. on the contrary는 앞에 언급한 주어에 대해 반대되는 의견을 제시해야 합니다. in contrast는 앞에 주어로 나온 대상과 다른 대상을 대조하는 상황에서 쓰입니다.

People said they were foolish. **On the contrary**, I believe they are smart.
사람들은 그들이 멍청하다고 이야기했죠. 그에 반해서 저는 그들이 현명하다고 믿어요.
(같은 주어 they에 대조되는 의견 표시)

People said they were foolish. **In contrast**, their spouses seemed thoughtful.
사람들은 그들이 멍청하다고 이야기했죠. 그에 반해서 그들의 배우자들은 사려 깊어 보였어요.
(앞의 주어 people과 다른 대상인 spouses를 대조하는 의견을 표시)

Conversely (격식) 역으로, 정반대로

You can put the water into the powder. **Conversely**, you can put the powder into the water.
가루에 물을 부을 수도 있습니다. 정반대로 물에 가루를 부어도 되고요.

The interviewer can ask the interviewee questions, or **conversely**, the interviewee can also ask the interviewer questions.
면접관이 면접자에게 질문을 하거나 또는 역으로 면접자가 면접관에게 질문을 할 수 있습니다.

Nevertheless / Nonetheless
(격식) 그렇기는 하지만, 그럼에도 불구하고

+ nevertheless와 nonetheless 둘 다 however보다 격식 있는 표현입니다. that (being) said, having said that, still과 같은 의미의 문어체 표현으로 '그렇기는 하지만', '그래도'의 의미로 쓰입니다.

There may be many obstacles to achieving the goal.
Nevertheless / Nonetheless, we will not give up and will
keep moving forward to reach it.

목표를 달성하는 데 아마도 많은 장애물이 있을 겁니다. 그래도 우리는 포기하지 않을 것이며 목표에
도달하기 위해 계속 전진할 겁니다.

Our victory was expected, but it is pleasant **nevertheless /
nonetheless**.

우리의 승리는 예상된 결과였지만 그래도 기쁘기는 합니다.

Notwithstanding (격식) 그렇기는 하지만, 그래도

✚ | notwithstanding은 nevertheless, nonetheless와 동일한 의미의 격식
　 있는 문어체 표현입니다.

People think that this problem is nothing special.
Notwithstanding, we should consider it seriously.

사람들은 이 문제가 별것 아니라고 생각합니다. 그렇기는 하지만 우리는 그걸 신중하게 고려해야
합니다.

Whatever they say to me, I will be on my way
notwithstanding.

그들이 내게 뭐라고 하든 그래도 나는 내 길을 갈 거예요.

USEFUL TIP

notwithstanding은 전치사로 쓰여 같은 의미의 in spite of와 despite보다 좀
더 격식 있는 어조의 '~에도 불구하고'의 뜻으로도 쓰입니다.

In spite of / Despite / Notwithstanding(격식) some unexpected
troubles, our business was successful last year.

예상치 못한 문제들에도 불구하고 작년에 우리 사업은 성공적이었습니다.

Whereas / While ~가 …한 반면에

✚ | whereas와 while은 구어체 표현인 on the other hand의 문어체 격식 표현입니다. whereas와 while은 선행하는 내용의 앞/뒤 두 위치 모두에서 쓰일 수 있습니다. 영국 영어에서는 while 대신에 whilst로 표기하기도 하니 알아두세요.

Some results were positive, **whereas/while** others were not.
일부 결과는 긍정적이었지만 다른 것들은 그렇지 않았다. (선행하는 내용 뒤에 위치)

Whereas/While some results were positive, others were not.
일부 결과는 긍정적이었지만 다른 것들은 그렇지 않았다. (선행하는 내용 앞에 위치)

USEFUL TIP

while은 시간 관련 표현이 뒤에 나올 때 '~하는 동안에'의 의미로 쓰이기도 하니 해석에 주의해야 합니다.

While we were away, our house was robbed.
= Our house was robbed **while** we were away.
우리가 나가 있던 동안에 집이 (도둑에게) 털렸다.

그래서, 그러므로

헷갈리면

또는 **'therefore'**

문장과 문장 사이에 쓰여 앞 내용의 원인에 대한 결과를 나타내는 '그러므로', '그래서'를 뜻하는 접속사 so는 주로 구어체 영어에서 많이 사용합니다. 하지만 문장과 문장 사이를 마침표로 확실하게 분리해 놓은 문어체에서 앞의 내용으로부터 결론을 도출하려 할 때 so만 계속 사용하면 지나치게 격식이 떨어져 보이거나 흐름이 부자연스러워 보입니다. 이때는 therefore 등 다양한 종류의 '접속부사'를 활용하면 보다 자연스러운 문장을 만들 수 있습니다.

구어체에서 '그래서, 그러므로'	문어체에서 '그래서, 그러므로'
So 그래서, 그러므로	**Therefore / Accordingly / Thus** (격식) 그러므로, 그래서, 그러니, 따라서
Simply put / To put it simply / **In short / In brief / To sum up** 요컨대, 요약하면, 간단히 말해서	**Finally / Lastly / Eventually / Ultimately** 결국, 마침내
In a word / In a nutshell / **To make a long story short** 짧게 말하면, 한마디로 말해서	**Consequently / As a result /** **In conclusion / In summary** 그 결과로, 결과적으로, 정리하자면
The bottom line is (that) / **… boil down to** 핵심은 ~이다, ~으로 요약되다	**For this reason / Hence** 이런 이유로, 이러하므로 / (격식) 이런 연유로, 그러므로
At last / After all / In the long run / **In the end** 결국, 마침내	

So 그래서, 그러므로

He studied English very hard, **so** he was able to become an English teacher.
그는 아주 열심히 영어 공부를 했어요. 그래서 영어 교사가 될 수 있었죠.

He's done his best, **so** he deserves to be a winner.
그는 최선을 다했어요. 그러므로 우승자가 될 자격이 있어요.

> **USEFUL TIP**
>
> 앞 문장 뒤에 'so that 주어 + 동사' 형태로 쓰일 때는 '~가 ~할(될) 수 있도록'의 의미입니다.
>
> I will give you a key **so that** you can get into this building.
> 이 건물에 출입할 수 있도록 내가 당신한테 열쇠를 줄게요.

✚ 친구나 직장 동료에게 격식 없는 이메일이나 문자 메시지를 보낼 때 so를 접속부사처럼 써서 마침표 뒤에 쓸 수도 있습니다. 이 경우에는 보통 so 뒤에 쉼표를 찍지 않습니다.

She was really angry. **So** she called the manager to complain.
그녀는 정말 화가 났어요. 그래서 불평을 하려고 매니저를 불렀죠.

Simply put / To put it simply / In short / In brief / To sum up
요컨대, 요약하면, 간단히 말해서

✚ 이 표현들은 모두 앞에 언급한 내용들을 정리해서 '그러니 이렇다'라고 간결한 메시지로 요약해 설명할 때 쓰입니다.

Simply put / To put it simply, your opinion is not acceptable.
간단히 말해서, 당신 의견은 수락할 수 없는 것이에요.

In short / In brief / To sum up, your goal is to join our project, right?
요약해 보면, 당신 목표가 우리 프로젝트에 참여하는 거라는 거죠, 맞아요?

In a word / In a nutshell / To make a long story short

짧게 말하면, 한마디로 말해서

✚ 이 표현들 역시 앞에 언급한 내용을 정리해서 간결한 메시지로 요약해 설명할 때 쓰입니다.

In a word / In a nutshell, our business is currently at stake.
한마디로 말해서, 우리 사업이 현재 위태로워요.

To make a long story short, your dedication gave us another opportunity.
짧게 말하면, 당신의 헌신이 우리에게 또 다른 기회를 가져다주었어요.

The bottom line is (that) / … boil down to

핵심은 ~이다, ~으로 요약되다

✚ bottom line은 원래 장부 맨 아래에 적는 최종 결산의 결과값을 의미합니다. 거기서 확장되어 '가장 중요한 부분, 요점'의 의미로 쓰이게 됐죠. boil down to(= come down to)는 '끓여서 불순물을 걸러내고 핵심 요소만 남게 하다'란 의미에서 유래하여, the bottom line is와 마찬가지로 '핵심은 ~이다'의 뜻으로 쓰입니다. 이 표현들은 수업이나 비즈니스 대화에서 가장 중요한 포인트를 콕 집어서 이야기할 때 많이 쓰입니다.

The bottom line is that we need to make a decision right away.

= It is going to **boil (come) down to** the idea that we need to make a decision right away.
요점은 우리가 지금 당장 결정을 내려야 한다는 것입니다.

At last / After all / In the long run / In the end
결국, 마침내

✚ at last(= at long last)는 오랜 시간 동안 기다려 왔던 일이 '드디어, 마침내' 일어났을 때 쓰는 표현입니다.

I've been hoping to meet you in person for many years. **At last**, we are meeting together!
여러 해 동안 개인적으로 당신을 만나 뵙기를 고대했어요. 드디어 우리가 같이 만나네요!

People have been worrying about a sudden eruption of the volcano. And the volcano has just erupted **at last**.
사람들은 갑작스러운 화산 폭발을 걱정해 왔죠. 그리고 마침내 방금 화산이 폭발했어요.

✚ after all은 기대했거나 앞서 말했던 것과 반대의 결과가 일어나는 상황에서 쓰여 '(예상과 다르게) 결국에는'을 뜻합니다. 즉, '~될 것 같더니 그렇게 안 되었다'의 어감으로 쓰입니다. after all은 또 앞에 한 이야기 내용에 이유를 덧붙이려 할 때 '어쨌거나, 여하튼'의 의미로 쓰일 수도 있습니다.

No one believed that she was right. (But) **After all**, she was right.
어느 누구도 그녀가 옳다고 믿지 않았어요. 하지만 결국에는 그녀가 옳았죠.

I didn't even try to join the financial fraud. Money isn't everything, **after all**.
나는 금융 사기에 가담하려고 시도조차 하지 않았어. 어쨌거나 돈이 전부는 아니니까.

✚ in the long run은 장기적으로 봤을 때의 '결국'을 의미하여 '길게 보면 결국에는'을 뜻합니다. 또 in the long term과 같은 의미로 쓰여 '장기적으로'의 뜻으로도 쓰입니다.

Our life goes on anyway. **In the long run**, perseverance will prevail.
어쨌든 우리 삶은 계속되죠. 길게 보면 결국에는 버티는 사람이 최후의 승자가 되는 거예요.

The company has been facing many serious issues. **In the long run**, however, it has a bright future.
그 회사는 현재 많은 심각한 문제에 직면해 있어요. 하지만 장기적으로 보면 밝은 미래가 예상되죠.

She tried to create a lot of new items. **In the end**, she became a famous inventor.

그녀는 다수의 새로운 제품을 고안하려고 했어요. 결국 그녀는 유명한 발명가가 되었죠.

Once you keep your eyes on the ball, everything will come right **in the end**.

일단 네가 맡은 일에 전념하면, 모든 일들이 결국 잘 될 거야.

Therefore / Accordingly / Thus

문어체

(격식) 그러므로, 그래서, 그러니, 따라서

We still have some issues to resolve. **Therefore**, we will arrange another meeting to deal with them.

아직 해결해야 할 문제들이 몇 가지 있습니다. 그러니 그것들을 논의할 다른 미팅을 잡겠습니다.

They have shown positive feedback on this idea, and **therefore** it will be accepted.

그들이 이 아이디어에 긍정적인 반응을 보였어요. 따라서 이 아이디어는 채택될 거예요.

The production cost increased sharply this year. **Accordingly**, we must increase our prices.

생산단가가 올해 급등했습니다. 따라서 가격을 인상해야만 합니다.

When you send the price quotation, we will reply **accordingly**.

견적서를 보내주시면, 저희도 거기에 맞춰 회신 드리겠습니다.

✚ thus는 격식을 갖춘 표현으로 문장 맨 앞에서는 '따라서', '그리하여'의 의미로 쓰이고, 동사 뒤에 쓰일 경우에는 '이와 같이', '이런 식으로'의 의미로 쓰입니다.

The committee did not allow us to support the students. **Thus**, it would be impossible for us to advise them officially.

위원회는 우리가 학생들을 지원하는 것을 허락하지 않았습니다. 따라서 우리가 그들에게 공식적으로 조언해 주는 것은 불가능할 것입니다.

The product may contain various unwholesome chemical substances. Many customers have claimed **thus**.

그 제품에는 건강에 안 좋은 다양한 화학물질이 포함되어 있을 수도 있습니다. 많은 고객들은 이와 같이 주장해 왔습니다.

Finally / Lastly / Eventually / Ultimately
결국, 마침내

✚ finally는 '결국', '마침내'를 뜻하여 구어체와 문어체 모두에서 가장 보편적으로 사용할 수 있는 표현입니다. finally와 lastly는 긴 대화 또는 문서의 마지막 부분에서 접속부사로 사용됩니다. 문장 맨 앞에 위치하면 앞에 열거한 내용에 대한 '마지막으로', '끝으로'를 의미해 의견을 마무리할 때 쓰이기도 합니다.

She made a great effort to win this competition. **Finally**, she won first place.

그녀는 이 경연에서 우승하려고 엄청나게 노력했습니다. 결국(그래서 그 결과) 그녀가 우승을 차지했죠.

Finally / Lastly, we would like to announce our future plans.

(앞에 여러 내용을 열거한 후) 마지막으로, 저희 향후 계획을 발표하겠습니다.

✚ eventually는 길거나 고된 과정을 거치고 '마침내', '결과적으로' 일어나거나 이루어지는 내용을 표현할 때 쓰입니다. 지나간 '과정'을 강조하는 어감이 있습니다.

The workers are exposed to loud noises. **Eventually**, they will begin to lose their hearing.

노동자들은 큰 소음에 노출돼 있습니다. 결과적으로 그들은 청력을 상실하기 시작할 겁니다.

After many years of dedication to the citizen, he **eventually** became the mayor of the city.
여러 해 동안 시민들에게 헌신한 후에, 그는 마침내 그 도시의 시장이 되었다.

✛ ｜ ultimately는 여러 과정을 거친 후 마지막 시점 또는 최고 위치에 도달하는 상태를 강조하는 '궁극적으로', '결국에는'을 뜻합니다.

Many people have shared their great ideas. But they are just suggestions. **Ultimately**, you will have to make the final decision.
많은 사람들이 자신들의 멋진 아이디어들을 공유했습니다. 하지만 그것들은 제안일 뿐이죠. 궁극적으로는 당신이 최종 결정을 내려야만 합니다.

His disrespectful attitude **ultimately** led to his ruin.
그의 무례한 태도는 결국에는 그를 파멸로 몰아갔다.

Consequently / As a result / In conclusion / In summary
그 결과로, 결과적으로, 정리하자면

✛ ｜ consequently와 as a result는 원인에 따른 결과를 부각시킬 때 쓰여 '결과적으로'를 뜻합니다.

We have had too much rain for a month. **Consequently**, the flood is rising.
한 달간 비가 너무 많이 내렸습니다. 그 결과로 홍수가 점점 심해지고 있어요.

The oil from the ship spilled over the beach. **As a result**, many seabirds died.
배에서 흘러나온 기름이 해변을 덮쳤어요. 그 결과로 많은 바다새들이 죽었죠.

✛ ｜ in conclusion은 finally와 같은 의미지만 좀 더 격식을 갖춘 어감의 표현으로 쓰여 '결론적으로', '마지막으로'를 뜻합니다.

We have discussed a number of negative effects of child abuse. **In conclusion**, we should avoid such behavior and take care of our children with love and care.
우리는 아동학대가 끼치는 많은 부정적인 영향을 논의했습니다. 결론적으로 이러한 행동은 방지되어야 하며, 우리 아이들을 사랑과 관심을 가지고 돌봐야 합니다.

| in summary는 앞에 언급한 내용의 핵심을 간추려 '요약해 보면', '정리하
자면'의 뜻으로 쓰입니다.

Eventually, the game ended in a 5-0 defeat. **In summary**, it was a disappointing performance.

결국 경기는 5대0 패배로 끝났습니다. 요약해 보면, 아주 실망스러운 경기력이었죠.

For this reason / Hence

이런 이유로, 이러하므로 / (격식) 이런 연유로, 그러므로

| for this reason은 앞에 언급한 이유로 뒤에 나오는 행동이나 결과가 일어
남을 의미하는 '이런 이유로'를 뜻합니다. hence는 for this reason과 같
지만 격식 있는 어조로 쓰이는 문어체 표현입니다.

I have a great interest in this business. **For this reason**, I would like to apply for this job position.

저는 이 사업 분야에 관심이 큽니다. 이런 이유로 이 직책에 지원하고 싶습니다.

Our suspicion still remains. **Hence**, we would like to formally request an official investigation.

의혹이 여전히 남아 있습니다. 그런 연유로 공식 수사를 정식으로 요청하는 바입니다.

4

또는

또는 'otherwise'

MP3 083

문장과 문장 사이에 '또는'의 뜻으로 쓰여 대안을 제시하는 접속사 or는 구어체 영어에서는 몇 차례 말해도 자연스럽습니다. 하지만 문장과 문장 사이를 확실하게 마침표로 분리해 놓은 문어체에서는 대안의 메시지를 전달하는 문장 맨 앞에서 or만 계속 사용할 경우, 지나치게 격식이 떨어져 보이거나 흐름이 부자연스러워 보입니다. 이때는 otherwise 같은 다양한 종류의 '접속부사'를 활용하면 보다 자연스러운 문장을 만들 수 있습니다.

구어체에서 '또는'	문어체에서 '또는'
Or 또는, ~거나, 아니면	**Otherwise** 그렇지 않으면, 또는
Or else / If not 그게 아니면, 그렇지 않으면, 그렇지 않다면	**Rather** 오히려, 차라리
Instead 그 대신에	**Alternatively / As an alternative** (격식) 그 대신에, 그 대안으로
I'd rather / I'd prefer 난 차라리 ~하겠다, 난 ~하는 게 좋겠다	**In all other respects** 다른 관점에서는, 다른 측면을 고려해 보면

Or 또는, ~거나, 아니면

You can stay here, **or** you can go home.
너는 여기서 머물거나 아니면 집에 가도 돼.

➕ 친구나 직장동료에게 격식 없는 이메일이나 문자 메시지를 보낼 때 or를
접속부사처럼 써서 마침표 뒤에 쓸 수도 있습니다. 이 경우에는 보통 or
뒤에 쉼표를 찍지 않습니다.

We can discuss it now. **Or** we can discuss it later.
우리가 지금 그 건을 논의해도 돼요. 또는 나중에 논의해도 되고요.

Or else / If not
그게 아니면, 그렇지 않으면, 그렇지 않다면

Hurry up **or else** you'll be late for class.
서둘러. 그렇지 않으면 너 수업에 늦을 거야.

You want to go to the party with me, right? **If not**, I am not going there.
너 나랑 같이 파티에 가고 싶은 거잖아. 그게 아니라면 나는 거기 안 가.

Instead 그 대신에

I didn't go on a picnic. **Instead**, I went to the movie.
나는 소풍에 가지 않았어. 그 대신에 영화를 보러 갔지.

I'd rather / I'd prefer
난 차라리 ~하겠다, 난 ~하는 게 좋겠다

➕ I would rather의 줄임말인 I'd rather는 자신의 입장에서 '~하고 싶다'
는 대안의 의견을 제시할 때 쓰입니다. I would prefer의 줄임말인 I'd
prefer는 I'd rather보다 좀 더 정중한 어조로 '~하는 것을 더 선호한다'
의 의미입니다.

The skills of the athletes are terrible. **I'd rather** play in the game myself.
선수들 실력이 형편없네. 차라리 내가 경기에 뛰는 게 낫겠어.

You want me to run on the track? **I'd prefer** to walk because I am in bad condition.
제가 트랙에서 뛰었으면 하시죠? 오늘은 컨디션이 안 좋아서 걷는 게 더 좋을 것 같아요.

Otherwise 그렇지 않으면, 또는

The applicants must arrive at the meeting place on time. **Otherwise**, they are not able to join the interview.
지원자들은 미팅 장소에 정시에 도착해야 합니다. 그렇지 않으면 인터뷰 참여가 불가합니다.

Rather 오히려, 차라리

+ rather는 문장 맨 앞에서 접속부사로 쓰일 때는 '오히려', '차라리'를 뜻합니다. 하지만 부사로 쓰여 동사 앞이나 뒤에서 쓰일 때는 '꽤', '약간'의 의미이니 해석에 주의해야 합니다.

The color of the clothes is not red. **Rather**, it is close to an orange color.
그 옷 색상은 붉은색이 아니에요. 오히려 오렌지 색상에 가까워요.

The training coursework is **rather** complicated.
훈련 과정은 약간 복잡합니다.

Alternatively / As an alternative
(격식) 그 대신에, 그 대안으로

+ alternatively와 as an alternative는 instead보다 격식 있는 표현으로 앞에 언급한 내용에 대안을 제시할 때 쓰입니다.

Our team members could visit your office. **Alternatively**, we could meet our office.
우리 팀원들이 당신 사무실로 방문할 수도 있습니다. 그 대신에 저희 사무실에서 만나도 되고요.

Vegans do not eat meat for protein. **As an alternative**, they eat beans and nuts for protein sources.

채식주의자들은 단백질을 얻으려고 고기를 먹지 않습니다. 그 대안으로, 그들은 단백질 공급원으로 콩이나 견과류를 먹습니다.

In all other respects

다른 관점에서는, 다른 측면을 고려해 보면

✚ | in all other respects는 주로 비즈니스 상황에서 앞에 언급한 의견에 또 다른 의견을 고려하여 대안을 제시할 때 쓰입니다.

Their business report seemed to be clear. **In all other respects**, it is somewhat biased toward certain major companies.

그들의 업무 보고서는 명확해 보였습니다. 다른 관점에서는 일부 대기업들에 편향된 부분도 다소 있어요.

5

~ 때문에	헷갈리면 ~~'because'~~ 또는 **'since'**

MP3 084

문장 맨 앞이나 중간에 쓰여 '~ 때문에'를 의미하는 because는 구어체 영어에서 빈번하게 쓰입니다. 하지만 문어체 영어에서 because만 계속 쓰면 격식이 떨어져 보이기 때문에, since 등의 다양한 표현을 활용하면 보다 자연스럽고 격식을 갖춘 문장이 됩니다.

구어체에서 '~ 때문에'	문어체에서 '~ 때문에'
Cuz ~이니까, ~ 때문에	**Since / As** (격식) ~ 때문에, ~이므로
Because (of) ~ 때문에	**In that** (격식) ~라는 점에서, ~이므로
On account of ~ 때문에	**Owing to / Due to** (격식) ~에 기인하여, ~ 때문에
	By reason of [that] ~의 이유로
	For 왜냐하면 ~이니까

Cuz ~이니까, ~ 때문에

✚ cuz는 because의 줄임말로 친한 사이에서 쓰는 구어체 영어나 텍스트 메시지에 많이 쓰입니다. cuz 대신 cos 또는 coz로 쓰이기도 하며 격식이 많이 떨어지는 표현이니 사용에 주의해야 합니다. 참고로 cuz, cos, coz는 발음이 동일합니다.

You should buy this item **cuz [cos, coz]** it's the cheapest one.
이 제품이 가장 싸니까 너 이걸 사야 해.

Because (of) ~ 때문에

✚ because는 구어체와 문어체 모두에서 원인과 이유를 강조하여 '~ 때문에'의 의미로 쓰입니다. 뒤에 따라 나오는 목적어가 명사일 경우에는 'because of+목적어'의 형태로, '주어+동사'의 형태일 때는 'because+주어+동사' 형태로 쓰입니다.

I came to this party **because of** you.
너 때문에 난 이 파티에 온 거야.

I came to this party **because** you were here.
네가 여기 있었으니까 내가 이 파티에 왔던 거지.

Because he lost his job, he couldn't pay his rent on time.
그가 실직했기 때문에 임대료를 제때 납부할 수 없었어요.

On account of ~ 때문에

✚ on account of는 because of와 같이 '~ 때문에'의 의미로 쓰이지만, 사용빈도가 훨씬 낮은 구어체 표현입니다.

She doesn't want to give up everything **on account of** her family.
그녀는 자기 가족 때문에 모든 걸 포기하는 것을 원치 않아요.

Since / As ~ 때문에, ~이므로

✚ | since와 as는 문어체에서 because를 대신하여 쓸 수 있는 격식 있는 표
현입니다. because가 이유에 대한 원인을 강조하는 어감이라면, since와
as는 원인에 따른 결과를 더 강조하는 어감으로 쓰입니다.

Because you were there, I couldn't tell anyone about the story.
당신이 거기 있어서 그 이야기를 누구에게도 할 수 없었어요. [**'너가 있었기 때문에'**를 강조]

Since/As you were there, I couldn't tell anyone about the story.
당신이 거기 있어서 그 이야기를 누구에게도 할 수 없었습니다. [**'그 이야기를 할 수 없었다'**를 강조]

✚ | since는 '~ 때문에'의 뜻 외에 현재완료 또는 과거완료 시제 표현과 함께
쓰여 '~ 이래로'의 의미로도 쓰입니다.

Since I noticed the complaints from my neighbors, I have never
played the guitar at night.
이웃들의 불만을 알게 된 이래로, 나는 밤에 기타를 연주한 적이 없습니다.

Since playing the guitar can make my neighbors
uncomfortable, I don't play it at night.
기타를 치는 게 이웃들을 불편하게 할 수 있기 때문에, 저는 밤에 기타를 치지 않아요.

In that ~라는 점에서, ~이므로

✚ | in that은 because보다 격식 있는 어조의 문어체 표현입니다. because
가 종속절을 이끄는 접속사로 쓰여 문장 맨 앞이나 주절 뒤에 놓일 수 있
는 반면, in that은 항상 주절 뒤에 놓여서 종속절을 이끄는 접속사로만 쓰
입니다.

Because she is a dedicated person, her acquaintances are fond
of her. (O)

Her acquaintances are fond of her **because** she is a dedicated
person. (O)

Her acquaintances are fond of her **in that** she is a dedicated
person. (O)

In that she is a dedicated person, her acquaintances are fond
of her. (X)
그녀는 헌신적인 사람이라서 그녀의 지인들은 그녀를 좋아합니다.

We accept your apology at this time **in that** you have officially admitted your fault and asked us pardon for it.

당신이 공식적으로 실수를 인정하고 용서를 빌었다는 점에서 우리는 이번에는 사과를 받아들입니다.

Owing to / Due to ~에 기인하여, ~ 때문에

✚ | owing to 와 due to는 문어체에서 because of를 대신하여 쓸 수 있는
격식 있는 표현입니다. because of가 결과에 대한 원인을 강조하는 어감
이라면 owing to와 due to는 원인에 따른 결과를 더 강조하는 어감으로
쓰입니다.

Because of the bad weather, I couldn't get to work on time.

나쁜 날씨 때문에 난 제시간에 출근할 수 없었어요. [출근이 늦은 것은 '**나쁜 날씨 때문이다**'라는 것을 강조]

Owing to/Due to the bad weather, I couldn't get to work on time.

나쁜 날씨 때문에 난 제시간에 출근할 수 없었습니다. [나쁜 날씨 때문에 결과적으로 '**출근이 늦었다**'라는 것을 강조]

By reason of [that] ~의 이유로, ~ 때문에

✚ | because와 비슷한 어감이지만, by reason of [that] 다음에 구체적인 이
유를 제시하기 때문에 because보다 좀 더 명확한 이유를 제시하는 전문
적인 글에서 많이 쓰입니다.

They were found not guilty, **by reason of** their young age.

어린 나이를 이유로, 그들은 무죄 판결을 받았습니다.

They were found not guilty, **by reason that** their ages were under 15 years old.

나이가 15세 미만라는 이유로, 그들은 무죄 판결을 받았습니다.

For 왜냐하면 ~이니까

✚ for 뒤에 '주어+동사'가 따라 나오면 for가 전치사가 아닌 접속사로 쓰여 이유를 나타내어 '왜냐하면 ~이니까'의 의미로 쓰입니다.

I love her, **for** she is beautiful and warmhearted.
나는 그녀를 사랑합니다. 왜냐하면 그녀는 아름답고 마음이 따뜻하니까요.

✚ 현대 영어에서 for가 접속사로 쓰여 '왜냐하면 ~이니까'의 의미로 쓰이는 것이 일상 영어에서는 흔치 않으며, 주로 시나 수필 같은 작품에서 자주 쓰입니다.

6

헷갈리면

사실

또는

'as a matter of fact'

MP3 085

문장 맨 앞이나 동사 주변에 쓰여 '사실, 실제로'를 의미하는 actually는 구어체 영어에서 빈번하게 쓰입니다. 하지만 문어체 영어에서 actually만 계속 쓰다 보면 지나치게 격식이 떨어져 보이기 때문에 as a matter of fact 등의 다양한 부사 표현을 활용하면 보다 자연스럽고 격식을 갖춘 문장이 됩니다.

구어체에서 '사실'	문어체에서 '사실'
Actually 사실, 실제로	**In fact** 사실
Really 진짜로	**As a matter of fact** 사실은
Literally 정말로, 완전히	**Indeed** 사실, 정말, 참으로
To be honest 솔직히	**In truth** [reality/practice] 사실은, 현실적으로는
I will be honest with you 솔직히 말하면	**Virtually / Practically** 사실상, 거의
To tell you the truth 진실을 말하면	**De facto** (격식) 사실상(의), 실질적으로

Actually 사실, 실제로

➕ | actually는 문장 안에서 동사와 함께 쓰일 경우 '실제로, 정말로'의 의미입니다.

He is **actually** trying to avoid meeting his parents.

그는 실제로는 자기 부모님 만나는 것을 피하려고 합니다.

What did you **actually** want to get?

네가 정말로 얻고 싶었던 게 뭐야?

➕ | actually가 문장 맨 앞에 쓰이면 보통은 앞의 내용에 대조되는 의견이나 상대방이 불편해할 수 있는 이야기를 꺼내는 것으로, '사실은, 실은'을 뜻합니다.

Actually, I don't want to go home now.

(집에 가고 싶어 한다고 생각하겠지만) 사실은 나 집에 가고 싶지 않아요.

Really / Literally

(말하고자 하는 내용을 강조하여) 진짜로, 정말로, 완전히

They **really** work hard to get the best result.

그들은 최고의 결과를 내기 위해 정말로 열심히 일해요.

Really, you shouldn't have done it.

진짜로, 넌 그걸 하지 말았어야 했어.

I was **literally** starving to death.

정말로 나 배고파 죽을 뻔했어.

➕ | literally는 '말 그대로'의 의미로도 쓰입니다.

You shouldn't take her words **literally** because she uses a lot of metaphors.

그녀는 은유적인 표현을 많이 쓰니까 그녀가 하는 말 그대로 받아들이지 마세요.

To be honest / I will be honest with you / To tell you the truth 솔직히 (말하면)

✦ to be honest는 I will be honest with you.와 같은 의미로 쓰여 '솔직히 말하면'을 뜻합니다.

To be honest, (= I will be honest with you,) I told you a lie.
솔직히 말하면, 너에게 거짓말을 했어.

To tell you the truth, they want to go back home right away.
진실을 말하자면, 그들은 당장 집으로 돌아가길 원해요.

In fact / As a matter of fact 사실은

✦ in fact와 as a matter of fact는 둘 다 '사실(은)'을 뜻하여 앞에 한 말에 덧붙여서 내용을 추가하거나 대조되는 이야기를 할 때 쓰입니다.

You may think you know everything about the news. **In fact / As a matter of fact**, there is more to tell.
아마도 당신은 그 소식과 관련해서 모든 것을 알고 있다고 생각하겠죠. 사실, 해 줄 이야기가 더 있어요.

Everyone believes that his opinion is wrong. **In fact / As a matter of fact**, it is correct.
모든 사람이 그의 견해가 틀렸다고 생각하죠. 사실은 그 사람 말이 맞아요.

In truth / In reality / In practice 사실은, 현실에서는

He seemed calm, but **in truth** he was extremely angry.
그는 침착해 보였어요. 하지만 사실은 매우 화가 나 있었죠.

In theory, their idea is feasible. **In reality / In practice**, however, it is almost impossible.
이론상으로는 그들의 아이디어가 실현 가능하죠. 하지만 현실적으로는 거의 불가능합니다.

Virtually / Practically / De facto
(격식) 사실상, 거의, 실질적으로

➕ | virtually는 컴퓨터 용어로는 '가상으로'를 뜻합니다. 하지만 일상 회화에서 virtually는 practically와 같은 의미로 쓰여 '거의 사실과 같은'을 뜻하여 '사실상'을 뜻합니다.

He **virtually** admitted his guilt.
그는 사실상 그의 죄를 인정했다.

The concert hall was **practically** empty although the concert ticket was free.
콘서트표가 공짜였음에도 공연장은 사실상 텅 비어 있었다.

➕ | de facto는 virtually, practically 와 같은 의미로 격식을 갖추어 쓴 표현이며, 공식적으로 또는 법적으로 받아들여지지 않더라도 실제로는 사실로 받아들여지는 '사실상(의), 실질적으로'를 뜻합니다.

He is the **de facto** leader of this country.
그가 이 나라의 실질적인 지도자이다.

De facto, if not de jure, their property has been seized by the local government.
법적으로는 아니더라도 사실상 그들의 사유지는 지방 정부에 의해 압류되었다.

➕ | **de jure**: de facto와 반대되는 의미로 '법률적으로는'

INDEX

A

B

C

D

E

F

He hinted that it was time for us to go	일상	170
He is a bright child.	일상	170
He is a cheeky bastard.	쿨한	202
He is a strange man.	일상	190
He is down in the dumps.	쿨한	132
He is sharp as a tack, just like his dad.	일상	176
He is so handy.	일상	172
He is the object of my envy.	일상	166
He is/She is/It is great.	문어	232
He was like a dog with two tails.	쿨한	130
He's not the sharpest tool in the shed.	일상	178
He's/She's/It's great.	구어	232
Hello!	일상	14
help	구어	228
Hence	문어	252
He's a smart cookie.	쿨한	176
Hey!	일상	14
Hi!	일상	14
hide	구어	228
hold on	구어	230
Hold on.	쿨한	56
How are things (with you)?	매너	23
How are you (doing)?	일상	22
How are you going to fight[talk] your way out of this?	일상	152
How can you be so dense?	쿨한	178
How disappointing!	일상	108
How do you do?	일상	14

I

I am blinded by jealousy.	일상	166
I am caught [stuck] between a rock and a hard place.	일상	206
I am confused [baffled].	일상	104
I am dead set against the idea of…	일상	142
I am determined to finish this before noon.	일상	184
I am embarrassed for you.	일상	114
I am eternally [beyond] grateful.	매너	158
I am feeling burnt-out at work.	일상	168
I am going to move on.	일상	184
I am gratified by the results of my health check-up.	매너	204
I am hooked on ~	쿨한	200
I am in (way) over my head.	일상	206
I am in a huge quandary.	매너	206
I am in charge of this project.	문어	232
I am in deep water.	일상	206
I am in two minds about that problem.	일상	184
I am indebted to you.	매너	156
I am jealous (of you).	일상	166
I am keeping this as a last resort.	일상	206
I am kicking myself for ~	일상	134
I am knackered.	매너	168
I am losing my temper.	일상	98
I am mad [angry] at ~.	일상	98
I am not a big fan.	일상	216
I am not clear on ~	매너	104
I am not comfortable doing ~.	매너	100

I bet nobody likes to shiver in the cold.	일상	192
I bet that …	쿨한	154
I blame myself for this.	일상	134
I brushed him off.	쿨한	174
I can clealy see that you take delight in eating snacks.	매너	130
I can do it with my eyes shut [closed].	일상	210
I can feel a glow of satisfaction [happiness] from you!	일상	204
I can feel the heat wave from inside the house.	일상	196
I can feel your excitement.	일상	220
I can go to bed with an easy mind.	일상	118
I can hardly keep my eyes open.	일상	168
I can see that grin from ear to ear!	일상	130
I can see the bags under your eyes.	쿨한	120
I can tell what you are talking about.	일상	60
I can't believe you are pulling out of our deal!	일상	188
I can't get enough of ~	일상	214
I can't get over it.	일상	116
I can't help[stop] thinking …	일상	102
I can't see anything in this downpour.	일상	194
I can't thank you enough!	일상	158
I can't work today.	구어	232
I cannot make head(s) or tail(s) of ~	일상	222
I cannot work today.	문어	232
I can't stand [bear] ~	일상	216
I could care less.	쿨한	146

I feel like I am losing my mind.	일상	180
I feel like walking on thin ice.	일상	170
I feel relieved!	매너	118
I feel so terrible [horrible] that…	매너	110
I feel uneasy about ~.	매너	102
I find it [It is] unsettling to ~	매너	102
I find it hard to ~	일상	212
I follow you.	매너	61
I gave him the brush-off.	쿨한	174
I get easily absorbed in ~	매너	200
I get it!	쿨한	60
I got it!	쿨한	60
I guess I'm losing my touch.	일상	172
I had a hard [rough] time of it.	일상	212
I had a hard time turning him down.	일상	164
I had a hectic schedule/day.	매너	41
I had high hopes for …	매너	108
I had lumps in my throat watching that movie.	일상	132
I had no clue.	일상	104
I had no idea!	일상	116
I have (got) no beef with that!	쿨한	72
I have (other) plans.	일상	164
I have a feeling that…	일상	154
I have a fetish about cleanliness.	일상	200
I have a lot on my plate [mind] right now.	일상	180
I have a previous engagement.	일상	164
I have an off-the-wall idea!	일상	190

I need it ASAP (as soon as possible).	쿨한	96
I need some me time.	쿨한	120
I need some peace of mind.	일상	180
I need some time.	일상	56
I need time to mull things over before I decide.	일상	186
I need time to mull things over before I decide.	일상	186
I need time to recharge my batteries.	일상	120
I need time to think about it.	일상	56
I need your help [aid, assist] on something	일상	128
I owe you big time.	쿨한	128
I owe you one.	쿨한	158
I prefer my coffee with milk.	매너	214
I put a lot of thought into making this plan.	매너	186
I respectfully disagree.	일상	144
I see it that way, too.	매너	138
I see what you mean, but [however]…	일상	144
I see you got a saucy tongue.	일상	202
I see.	일상	60
I seriously hate his guts.	일상	216
I share your opinion [view].	일상	140
I should have [shouldn't have] …	매너	134
I simply [flatly] refused to do so.	일상	162
I struggle with ~	일상	212
I suppose [guess] so.	일상	138
I take a different view.	매너	144
I take delight in helping others.	매너	214

I take full responsibility.	매너	110
I take one day at a time.	매너	35
I take your point.	매너	61
I think I need another minute.	매너	57
I think otherwise.	매너	142
I think so.	일상	44, 72
I understand where you are coming from, but…	일상	144
I understand.	일상	60
I was caught by surprise.	일상	116
I was caught in the crossfire.	일상	152
I was completely preoccupied with my own thoughts.	매너	200
I was disheartened by the news.	매너	108
I was eating salt with my grandparents for a while.	일상	170
I was on pins and needles while I waited.	일상	106
I was really looking forward to …	매너	108
I was struck dumb.	일상	116
I was tired [weary], but I couldn't sleep.	일상	168
I was very cautious about speaking my mind.	일상	124
I was walking on eggshells when the teacher was angry.	일상	170
I was worried sick!	쿨한	102
I will be honest with you	구어	264
I will carefully think it [this] over with the whole team.	일상	136
I will do it again in a heartbeat.	일상	184
I will give you another chance.	일상	112

I will let ~ off the hook.	쿨한	112
I will not take sides.	일상	218
I will pay you back for sure.	쿨한	128
I will take it into account [consideration].	매너	136
I wish I had (never) ~	일상	134
I won't hold it against you.	매너	112
I would say [argue] that...	일상	154
I'd like to compliment you on ~	매너	148
I'll be happy to do that.	매너	45
(I'll) Catch you later.	일상	84
I'll get back to you.	일상	136
I'll give it some thought.	매너	57
I'll let it slide.	쿨한	112
I'll let you off this time.	일상	112
(I'll) See you later.	일상	84
I'll think about it.	일상	56
I'll turn the other cheek.	일상	112
I'm afraid I agree (with) ~	매너	140
I'm afraid I disagree (with) ~	매너	144
I'm beat [wiped out].	쿨한	168
I'm chilled to the bone.	일상	192
I'm cool with that.	쿨한	72
I'm crazy [mad] about ~	일상	214
I'm dead tired.	쿨한	168
I'm down.	쿨한	72
I'm drained.	쿨한	168
I'm exhausted.	매너	168

I'm sorry but …	일상	142
I'm sorry I caused [created] confusion for you.	일상	222
I'm super stoked [excited]!	쿨한	220
I'm very content.	일상	204
I'm with ~ on this one.	매너	138
I'm worried[afraid] (that)…	일상	102
I've been on top of the world [on cloud nine] since yesterday.	일상	130
I've been under the weather.	매너	39
I've been very busy.	일상	40
I've got a bone to pick with him.	일상	152
I've had enough.	매너	122
I've had/seen better days.	매너	39
I've made up my mind.	일상	184
I'd prefer	구어	254
I'd rather	구어	254
I'd say the exact opposite.	매너	142
If (my) memory serves me correctly, …	매너	182
If I might add something...	매너	154
if not	구어	254
If only I …	일상	134
If you ask me...	일상	154
If you believe in what you are doing, just stick to your guns.	일상	184
If you want my honest opinion....	일상	154
I'll be damned!	쿨한	116
I'll let you know.	일상	136

inspsect	문어	228
instead	구어	254
It completely slipped my mind.	일상	182
It could get nippy in the evenings	쿨한	192
It couldn't be better.	매너	31
It did cross my mind once.	일상	180
It did not live up to expectation.	매너	108
It doesn't get any better than this.	매너	73
It doesn't matter.	일상	146, 218
It doesn't take much effort to do it.	매너	210
It doesn't work for me.	일상	50
It dropped like a bomb.	일상	116
It goes without saying that ~	매너	154
It is a cloudless sky today.	일상	198
It is an honor to have met you.	매너	85
It is as easy [simple] as ABC.	일상	210
It is humiliating to [that]…	일상	114
It is not my cup of tea.	일상	216
… is not my style [thing].	쿨한	216
It is not okay to overlook a mistake in the workplace.	매너	174
It is not possible.	문어	232
… is one in a million [thousand, hundred].	일상	190
It is so annoying.	일상	98
It is such a disgrace to [that]…	매너	114
It is such a letdown.	일상	108
It is under consideration.	일상	136
It isn't possible.	구어	232

It's foolproof.	일상	210
It's freezing (cold) in here!	일상	192
(It's) Good to see you.	일상	18
It's great to hear from you.	매너	19
It's hot as hell!	쿨한	196
It's like an oven out there!	일상	196
It's nearly [nigh on] impossible!	일상	212
It's nice to meet you.	매너	15
It's not easy to swelter through this insane day.	일상	196
It's not for me.	일상	78
It's not for the faint-hearted.	일상	212
It's not rocket science.	일상	210
It's not so [too] bad.	일상	126
It's not the easiest ~	일상	212
It's not the end of the world.	일상	126
It's not unusual for cats to dislike dogs.	일상	216
It's not worth fighting over.	일상	152
It's quite tough at times.	일상	212
It's raining cats and dogs.	일상	194
It's so easy!	일상	210
It's such an ideal [perfect] weather for an outing.	일상	198
It's supposed to be calm weather all weekend.	일상	198
It's tolerable.	일상	218
It's usually hot in the summer.	일상	196
It's very muggy out today.	일상	196

My heart sinks whenever you fall over.	일상	102
My life sucks!	쿨한	38
My lips are blue.	일상	192
My mind went blank.	일상	182
My neck [ass] is on the line.	쿨한	206
My offer was met with a sharp rebuff.	매너	162
My parents are wiser than me.	매너	176
My plate is full.	매너	41
My shirts are getting wet in this rain.	일상	194
My shoes are damp after the rain	일상	194
My skin is getting clammy in this humidity.	쿨한	194
My thoughts exactly!	매너	73

N

Nah!	쿨한	50
need	구어	229
Never (been) better!	매너	31
nevertheless	문어	242
Nice [Lovely] shoes!	일상	150
Nice seeing you.	일상	84
Nice to see you.	일상	84
No can do.	쿨한	162
No chance.	일상	78, 162
No doubt about it.	일상	138
No hard feelings.	쿨한	218
No stress [problem].	일상	218

No thanks [thank you].	일상	160
No way!	쿨한	50
No.	일상	50, 162
Nonsense!	쿨한	50
nontheless	문어	242
Nope!	쿨한	50, 162
… [am, is, are] not so bright.	일상	178
Not (so) good/well/great.	일상	38
Not a chance.	일상	78, 162
Not a moment to spare.	매너	41
Not good, not bad.	쿨한	34
Not in a million years!	일상	162
Not likely.	일상	50, 78
Not my thoughts exactly.	매너	79
Not necessarily.	일상	50, 142
Not that good/well/great.	일상	38
Nothing in particular!	일상	218
Nothing special.	일상	34
Nothing stands out.	매너	35
notify	문어	229
notwithstanding	문어	243
Now I have seen everything [it all].	매너	116
(Now that I) Come to think of it …	매너	180

O

obtain	문어	228

P

Q

R

S

That ~ really suits you.	매너	150
That course is quite demanding.	매너	212
That doesn't make much sense to me.	일상	144
That doesn't make sense.	일상	78
That flew right over my head.	일상	104
That has put my mind at ease [rest].	매너	118
That is a good/great idea.	일상	72
That is out of the question.	매너	142
That jacket looks nice [great] on you.	일상	150
That makes sense.	일상	72
That might be true, but [however]…	일상	144
That sounds adequate.	매너	218
(That) Sounds good/fine/great.	일상	72
That sounds reasonable.	일상	140
That suits me fine.	매너	73
That was mind-blowing!	일상	116
That was on me.	일상	110
That was out of the blue [nowhere].	일상	116
That was rather awkward [embarrassing].	일상	114
That was such a toe-curling moment.	쿨한	114
That went over my head.	매너	67
That works for me.	일상	72
That's (exactly) what I am saying!	일상	138
That's (so) true.	일상	138
That's a cool [nice] car.	일상	150
That's a valid point, but…	매너	79
That's a weight [load] off my shoulders [mind].	일상	118

That's fair [good] enough.	일상	218
That's fair enough.	일상	138
That's for sure.	일상	138
That's for sure/certain.	매너	45
That's great news!	일상	118
That's not my point.	일상	222
That's too bad.	일상	108
That's not always true [the case].	일상	144
That's really remarkable.	매너	148
(That's) Right.	쿨한	44
The bottom line is (that)	구어	247
The children quarrel all the time.	일상	152
The ground is soggy after the rain.	일상	194
The house we built last year has sold out.	구어	233
The house which we built last year has sold out.	문어	233
The nerve of you!	일상	202
The project was very arduous.	매너	212
The rainy [monsoon] season is coming soon	일상	194
The weather in my city is temperate.	매너	198
The weather is absolutely boiling.	일상	196
The woman whom you met yesterday was here.	문어	233
The woman you met yesterday was here.	구어	233
The work is beyond my ability.	매너	212
There aren't enough hours in the day.	매너	41
There is no need to be so agitated.	일상	220

There is no need to be so tense.	매너	106
There is no use agonizing over [about] it.	매너	186
There is no way to escape this scorching sun.	일상	196
(There is) No way.	쿨한	142
There's nothing to it.	매너	210
Therefore	문어	249
They are a brilliant group of students.	매너	176
They are a peculiar group of students.	일상	190
They are at each other throats.	일상	152
They are at odds with each other.	일상	152
They are fighting like cats and dogs.	일상	152
They are right in different ways.	일상	218
They are very fond of sweets.	매너	214
They have visited this place.	문어	232
They've visited this place.	구어	232
Things are getting tedious [tiresome].	매너	122
Things are great/marvelous/wonderful/fantastic.	매너	31
Things are looking up.	매너	31
Things are moderate/mediocre.	매너	35
Things are not looking great for you.	일상	206
Think no more of it.	매너	112
Think of[on] it no more.	매너	112
think over	구어	231
Think twice about what you are about to do.	일상	124
This [It] drives me crazy.	일상	98
This [It] is an urgent matter.	매너	96

U

V

W

English	Category	Page
Yes, of course.	일상	138
Yes.	일상	44
yet	구어	239
Yo!	쿨한	14
You alright?	쿨한	22
You and I see eye to eye.	일상	140
You are a brilliant scientist.	매너	172
You are a complete idiot!	쿨한	178
You are a fantastic ~!	일상	148
You are a natural!	일상	172
You are a pain in my neck!	일상	208
You are a piece of work!	쿨한	190
You are a very capable young man.	매너	172
You are acting a bit pesky today.	쿨한	208
You are an idiot [a fool]!	쿨한	178
You are being rude.	일상	202
You are being silly.	일상	178
You are doing great [awesome]!	일상	148
You are fishing for compliments.	일상	148
You are getting too clingy.	쿨한	200
You are looking great [good] today!	일상	150
You are making things difficult [worse].	일상	100
You are missing the point.	일상	222
You are not in your right mind.	일상	180
You are not my type.	일상	164
You are not thinking straight.	매너	180
You are putting me in a difficult position.	매너	100

You have [make] a great [good] point there.	일상	140
You have a lot of nerve!	일상	202
You have the best smile.	일상	150
You have to know when to throw your hand in.	일상	188
You just can't disregard [dismiss] the truth!	매너	174
You let me down.	일상	108
You look a bit down.	일상	132
You look like a happy camper!	일상	204
You look like you can use a break.	매너	120
You made ado about nothing.	일상	152
You made my day.	일상	130, 158
You must be joking.	쿨한	164
You need to put on your thinking cap.	일상	180
You need to settle [calm] down.	매너	120
You need to stop changing your mind.	일상	188
You need to take a breather.	일상	120
You need to unwind yourself.	쿨한	106
You rarely need an umbrella in this (light) drizzle [sprinkle].	일상	194
You read my mind!	일상	180
You really have no knack for anything.	쿨한	172
You really know how to push my buttons.	일상	208
You really need to learn how to read the room.	일상	170
You seem a little tongue-tied today.	일상	106
You seem disagreeable today.	매너	98
You seem shook [shaken] up.	일상	220